Un GRAND Week-end

MARRAKECH

MARRAKECH

Trois petites heures d'avion vous séparent de la « Perle du Sud », une ville ocre qui se découpe sur l'azur immaculé du ciel, au pied des cimes enneigées de l'Atlas. Réputée pour sa lumière crépusculaire aux reflets violacés, pour ses hautes murailles crénelées et ses vastes avenues verdoyantes, Marrakech n'a pourtant rien d'une belle endormie. Les siècles s'y télescopent dans une joyeuse effervescence. D'un côté, ses métiers immémoriaux, sa médina au tracé immuable, ses palais secrets ; de l'autre, la frénésie de ses nuits festives, sa circulation trépidante et ses enseignes branchées. Le guide *Un Grand Week-end* vous en dévoile les mille facettes.

Notre auteur, Nathalie Campodonico, a vécu plus de douze ans au Maroc et a tissé des liens indéfectibles avec Marrakech. Si depuis, elle parcourt le monde pour écrire guides touristiques et livres de voyage, elle y retourne à la moindre occasion. Elle a, une fois de plus, arpenté pour nous chaque recoin de la ville et de ses environs, en quête de lieux magiques et d'adresses originales : boutiques branchées, rooftops, riads secrets...

Notre photographe, René Mattès, publie dans la presse nationale et internationale et collabore régulièrement avec les guides Hachette. Pour ce *Grand Week-end,* il a passé plus de dix jours à parcourir Marrakech et ses environs. Dans le dédale des ruelles de la médina et l'animation des souks, entre les musées, les cafés et les concept stores, il s'est attaché à capturer les moments de vie qui rythment la Ville rouge.

Un Grand Week-end sur les réseaux sociaux

Suivez-nous sur *Facebook*, *Twitter* et *Instagram* **@Ungrandweekend**

Vous y trouverez nos photos coups de cœur, nos expériences uniques et surtout une réponse personnalisée à toutes vos questions.

Et si vous y contribuiez ? Nous aimons beaucoup voir nos guides en voyage : postez une photo de votre guide en situation et taguez-nous, nous partagerons les plus belles photos et récompenserons régulièrement les plus appréciées.

Les incontournables
DE MARRAKECH

JARDIN MAJORELLE

Cactus, palmiers, bambous, nymphéas, murmure de l'eau, gazouillis des oiseaux...La flânerie dans le jardin conçu au début du XXe s. par le peintre Jacques Majorelle est une féerie de chaque instant. Voir p. 74.

KOUTOUBIA

Du haut de ses 850 ans, le minaret ocre de la plus ancienne mosquée de Marrakech veille sur la ville. Joyau de l'art arabo-andalou, il en est à la fois le principal emblème et le meilleur repère. Rendez-lui visite à différentes heures de la journée pour en apprécier toute la beauté ! Voir p. 28.

PLACE JEMAA EL-FNA

Immense esplanade aux contours irréguliers, cette place est le véritable cœur battant de Marrakech. N'hésitez pas à vous mêler à la foule des badauds, marchands ambulants, charmeurs de serpents et autres saltimbanques qui l'envahit chaque jour à la tombée de la nuit. Voir p. 24.

MAISON DE LA PHOTOGRAPHIE

Visages burinés, silhouettes encapuchonnées, femmes en tenue de cérémonie... Les photos en noir et blanc de ce musée racontent un Maroc à la fois proche et lointain, celui de la première moitié du XXe s. Voir p. 45.

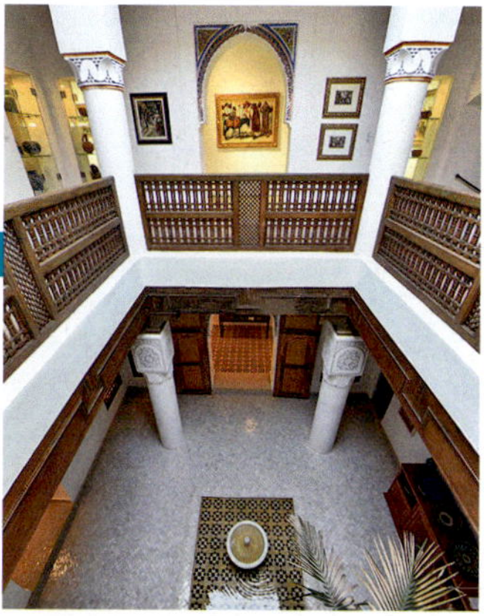

ORIENTALIST MUSEUM

Pleins feux sur la peinture dans ce beau riad du XVIIe s. qui expose les œuvres d'artistes des XIXe-XXe s. : fascinés par l'exotisme et la lumière du Maghreb qu'ils parcouraient en tous sens, ils tentaient inlassablement de les retranscrire sur leurs toiles. Voir p. 44.

MUSÉE BOUCHAROUITE D'ART POPULAIRE

Pénétrez l'univers intime des femmes berbères dans ce musée où sont exposées leurs œuvres : des tapis en tissus colorés et fantaisistes dont les motifs évoquent leurs croyances, leurs espoirs et leurs peurs. Voir p. 48.

PALAIS DE LA BAHIA

Luxe et volupté. Voilà ce qu'évoque l'exploration du dédale de patios, de jardins, de chambres et de salons richement décorés de ce palais construit au XIXe s. pour servir de demeure au grand vizir. Voir p. 56.

MEDERSA BEN YOUSSEF

Cette ancienne école coranique entièrement revêtue de stucs ouvragés, de zelliges ciselés et de bois sculpté était au XVIe s. l'un des principaux foyers culturels du monde musulman. Voir p. 42.

LES SOUKS

Une immersion 100 % sensorielle vous attend dans l'univers coloré et odorant des souks, ce dédale enchevêtré d'allées commerçantes où l'on se perd à loisir pour mieux s'émerveiller de chaque découverte. Voir p. 46.

MUSÉE DES CONFLUENCES

Pour découvrir l'univers privé du plus célèbre des pachas de Marrakech, poussez la porte du magnifique palais où il organisait ses somptueuses réceptions. Voir p. 39.

TOMBEAUX SAADIENS

Dissimulée derrière de hauts murs aveugles, tout au bout d'un étroit passage, la nécropole où repose Ahmed el-Mansour prend des airs de jardin secret et reflète à merveille la splendeur de la dynastie saadienne. Voir p. 64

10 expériences UNIQUES

GOÛTER À LA VOLUPTÉ...

... dans la vapeur du hammam Mouassine, un établissement fondé au XVIe s. Aabandonnez-vous entre les mains expertes des frotteuses ou frotteurs qui vous rendront votre peau de bébé (p. 90).

DÉCLARER SA FLAMME À LA LUEUR DES BOUGIES...

... sous le ciel étoilé des terrasses de La Sultana, le plus romantique des restaurants de la ville (p. 109).

CUSTOMISER SON PANIER...

... au basket bar du *Some Slow Concept*, la plus cosy des villas-boutiques de Marrakech. Choisissez d'abord sa forme, dotez-le ensuite d'une anse de votre choix avant de l'égayer de pompons en passementerie colorés (p. 161).

ADMIRER LES CIMES ENNEIGÉES DE L'ATLAS...

... par une fin d'après-midi hivernal, confortablement installé au Sky Lounge, le bar-restaurant situé sur les toits du Pearl Hotel (p. 73).

SE PERDRE DANS UN SOUK RURAL...

... en se frayant un passage parmi les monticules de fruits et de légumes, d'épices et de sacs de grains empilés à même le sol, tout en esquivant les charrettes à bras et les mobylettes tonitruantes chargées de poulets et moutons ligotés (p. 82, 84, 87).

DANSER AU RYTHME DES HOUARIYAT

Ces chanteuses berbères enflamment l'ambiance du Café Clock chaque samedi à 18h. Un grand moment de partage avec les habitants de Marrakech, hommes et femmes, jeunes et vieux, riches et modestes (p. 67).

BRUNCH AVEC VUE SUR LES PADDOCKS...

... de l'hôtel Selman *(km 5 ; route d'Amizmiz ; ☎ 05 24 45 96 00 ; www.selman-marrakech.com)* où s'ébattent des pur-sang de toute beauté. Si la chance vous sourit, vous assisterez à une démonstration du plus grand murmureur à l'oreille des chevaux du pays : Sadek El Bahjaoui, l'homme cavalier !

S'ESSAYER AU GUEMBRI OU À LA GHAÏTA...

... des instruments de musique traditionnels vendus chez Bob Music. Et si vos talents de virtuose ne sont pas à la hauteur du challenge, optez plutôt pour une démonstration en assistant à un mini-concert privé (p. 157).

REGARDER LES ÉTOILES DANS LE DÉSERT...

... à l'occasion d'une soirée astronomie, sous la voûte incroyablement étoilée du désert d'Agafay, en scrutant les planètes au télescope après un dîner aux chandelles à l'écolodge Terres des Étoiles (p. 117).

ENTREPRENDRE UN VOYAGE INITIATIQUE...

... dans le labyrinthe de verdure du jardin Anima, l'œil aux aguets, pour ne pas risquer de passer sans les voir à côté d'une sculpture de Keith Haring, d'un totem incrusté d'assiettes de Picasso, d'une maison en miroir, d'une arche de Noé moderne ou d'un colosse recouvert de mosaïque (p. 86).

Activités
100 % MAROCAINES

CRÉER SON PARFUM

Un parfum sur mesure et unique rien que pour vous ? Voilà qui est devenu possible au **musée du Parfum** de Marrakech. Pipette en main, vous y jouerez à l'apprenti sorcier après avoir sélectionné vos cinq fragrances favorites parmi la cinquantaine disponible (**p. 44**).

TRAVERSER UN DÉSERT EN QUAD

Bouclez votre casque, baissez votre visière et en avant toute ! L'équipe de **Marrakech Quad Evasion** vous guidera à travers les étendues arides du désert d'Agafay et les villages berbères accrochés à flanc de colline jusqu'au miroir bleuté du lac de Lalla-Takerkoust (**p. 83**) !

VISITER EN PÉDALANT

Amoureux de la petite reine ou écolos convaincus, **Marrakech Green Wheels** *(311, rue de la Kasbah - Plan E4 ; ☎ 06 15 40 97 28 ; www.marrakechgreenwheels.com)* est fait pour vous ! Ses guides vous feront découvrir la ville à vélo, sillonner ses vastes artères arborées et ses ruelles labyrinthiques, longer ses murailles, découvrir ses jardins... de jour comme de nuit.

EXPLORER LA PALMERAIE À DOS DE DROMADAIRE

Rien de tel que le pas souple et cadencé du dromadaire pour oublier la frénésie de Marrakech. Paysages ocre, lumière dorée, touffes de palmiers jaunies par le sable, un cadre idéal pour jouer les Lawrence d'Arabie le temps d'une promenade au coucher du soleil (**p. 79**).

SE METTRE AUX FOURNEAUX

Pour percer les secrets de la cuisine marocaine, rien de tel que de s'adresser aux meilleurs ! Et la chef Rachida Sahnoune est de ceux-là ! Dans le magnifique cadre du **Riad Monceau,** vous confectionnerez sous sa tutelle de délicieux tagines et autres spécialités savoureuses (**p. 122**).

S'OFFRIR UN DÉJEUNER PISCINE

Azur du ciel et soleil éclatant appellent au farniente et à la baignade, mais pas le moindre bassin en vue dans votre maison d'hôtes... Pas de panique ! De nombreux hôtels ouvrent leur porte à l'occasion de « journées piscine » comprenant généralement un menu déjeuner, un accès illimité à la piscine et la mise à disposition d'un transat et d'une serviette de bain. C'est le cas de l'hôtel Les Jardins de la Médina *(sur résa au ☎ 05 24 38 18 51 ; t.l.j. sf dim. ; 650 Dh/pers.)* qui vous offrira, en prime 1h de massage (p. 191).

Un grand week-end SUR MESURE

Première fois à Marrakech ?

Nous avons découpé la ville en 11 quartiers et vous proposons 2 escapades dans les environs. Évidemment, en trois jours, vous ne pourrez pas faire toutes ces balades. Alors, suivez notre programme pour voir l'essentiel et prendre le pouls de la ville, et à vous de voir si vous voulez remplacer une visite par une autre en fonction de vos centres d'intérêt...

PREMIER JOUR

➡ Cap sur la médina pour votre première rencontre avec Marrakech. Commencez par une étape sur la place Jemaa el-Fna (quartier 1), puis allez rendre hommage au minaret de la Koutoubia (quartier 2). Longez ensuite la rue Fatima Zahra jusqu'à Bab el-Ksour et prenez votre premier bain de foule en explorant les alentours de la place Mouassine (quartier 3).

Marchand d'agrumes place Jemaa el-Fna

➡ Grimpez sur un toit-terrasse pour le déjeuner, poursuivez par une séquence culture dans les monuments et musées du quartier Ben Youssef (quartier 4), puis continuez votre découverte des souks jusqu'à la place Rahba el-Kdima (quartier 5).

➡ En fin de journée, revenez à votre point de départ pour constater l'incroyable transformation des lieux.

DEUXIÈME JOUR

➡ Débutez votre journée par l'exploration du jardin Majorelle (quartier 11), avant d'aller en prendre plein les mirettes au musée Yves Saint Laurent (quartier 11). Puis, direction les galeries d'art contemporain du Guéliz (quartier 9), où se dévoile le visage moderne de Marrakech.

Place des Ferblantiers

➥ Deux options pour le déjeuner : des grillades dans la rue Ibn Aïcha (p. 111), pour une expérience populaire, ou une table plus internationale, si vous ressentez l'appel de la bière. Petite séance de lèche-vitrines dans le quartier l'après-midi, suivie d'une promenade dans l'Hivernage jusqu'au bassin de la Ménara (quartier 10).

➥ Débutez la soirée en beauté par un apéritif sur le toit du Pearl Hotel.

TROISIÈME JOUR

➥ Direction Bab Agnaou et les tombeaux saadiens (quartier 8) en début de journée pour une rencontre avec les splendeurs du passé suivie d'un conciliabule avec les cigognes du palais El-Badi (quartier 8). Allez ensuite faire le plein d'odeurs et d'épices au marché couvert du Mellah avant de vous attabler sur la place des Ferblantiers pour un tagine cuit sur les braises.

➥ Après le repas, rendez-vous dans les patios lumineux du palais de la Bahia (quartier 6), puis remontez paisiblement vers la place Jemaa el-Fna par la charmante rue Riad Zitoun el-Jdid.

➥ Pour finir en beauté, offrez-vous un dîner sur la terrasse de la Sultana.

NOS CONSEILS DE VISITE

➥ Les files d'attente sont, jusqu'à maintenant, rares à Marrakech. Seule l'entrée du jardin Majorelle et la visite des tombeaux saadiens peuvent poser problème. Essayez de vous y rendre à l'ouverture, vous éviterez la queue et bénéficierez d'une demi-heure de tranquillité pour apprécier la beauté des lieux et prendre vos photos !

Déjà venu ?

Vous connaissez déjà les incontournables de Marrakech ? Lancez-vous sur les routes pour explorer ses environs et faire le plein de paysages grandioses.

Désert d'Agafay

INCURSION EN PAYS BERBÈRE (VISITE 12)

Si vous aimez l'artisanat, faites une première halte à Tamesloht pour en visiter les ateliers de tissage (p. 168) ou de peinture sur verre et céramique p. 169), puis grimpez jusqu'aux toits de la kasbah d'Oumnass pour une vue à 360 ° sur la plaine. Si vous préférez les sensations fortes, réservez une excursion en quad ou en 4 x 4 dans le désert d'Agafay. Dans les deux cas, optez pour une escale déjeuner au bord du lac de Lalla-Takerkoust. En voiture, et par temps sec, vous pouvez ensuite rejoindre le village d'Ouirgane depuis Amizmiz par une somptueuse route en corniche et revenir à Marrakech en longeant les gorges de Moulay-Brahim. Au passage, rendez visite au marabout du saint dans le village homonyme. Si vous en avez l'occasion, ne manquez sous aucun prétexte une nuit à l'écolodge Terres des Étoiles.

VALLÉE DE L'OURIKA
(VISITE 13)

Première escale dans le dédale végétal et artistique du jardin Anima, avant d'aller vous perdre dans le chaos coloré du souk rural de Tnine l'Ourika (le lundi uniquement). Pour votre étape déjeuner, deux solutions très différentes : soit le raffinement discret du Paradis du Safran, soit l'ambiance populaire des petits restaurants installés dans le lit de l'oued Ourika. Chemin faisant, familiarisez-vous avec la culture locale dans les salles de l'Écomusée berbère. L'après-midi, dérouillez-vous les jambes à l'occasion d'une petite grimpette jusqu'aux cascades de Setti Fatma, avant de reprendre la route de Marrakech ou, si le cœur vous en dit, d'aller passer la nuit en haute montagne à l'Oukaïmeden.

Vallée de l'Ourika

Route du barrage de Lalla-Takerkoust

Fêtes & FESTIVALS

Janvier

Marathon international de Marrakech

Le dernier dimanche de janvier, quelque 5 000 marathoniens se retrouvent pour courir les 42,195 km réglementaires à travers les rues de la médina, le long des remparts en pisé et sur les pistes de la palmeraie.
www.marathon-marrakech.com

Prix de Marrakech

Depuis 2016, le circuit temporaire urbain Moulay el-Hassan accueille une manche du championnat du monde de Formule E, des voitures de compétition électriques ! Achat des billet en ligne.
www.fiaformulae.com

Février-mars

Marrakech Biennale

Fin février-début mars les années paires, la ville se transforme en plate-forme de la création contemporaine maghrébine. Littérature et arts visuels sont au programme des expositions, des projections et des débats organisés dans de nombreux sites.
En 2018, faute de financement, la biennale a été annulée. Personne ne sait si l'édition 2020 aura lieu…
www.marrakechbiennale.org

On Marche

Ce festival de danse contemporaine envahit les rues et les salles de spectacles de la ville pendant une semaine au milieu du mois de mars. Performances et rencontres ouvertes à tous permettent de découvrir le travail d'artistes montants des scènes marocaine et internationale.
www.facebook.com/OnMarcheMarrakech

Mars-avril

Awaln'art, rencontres internationales des arts de la rue

Pendant une dizaine de jours, la ville se transforme en scène géante ! Ce festival, qui valorise le patrimoine culturel immatériel, cherche à établir un lien entre art, territoire et vie quotidienne. L'espace public devient le théâtre de nombreuses performances et installations. Au programme : danse, théâtre, cirque, acrobatie… Toutes les manifestations sont gratuites.
www.awalnart.com

Marrakech Grand Prix

Trois jours durant, pendant la première quinzaine d'avril, l'asphalte du circuit international Moulay el-Hassan s'échauffe sous les crissements de pneus des voitures de tourisme pour une manche de la WTCR (Coupe du monde des voitures de tourisme). Vente des billets en ligne, à la boutique provisoire du Carré Eden (av. Mohammed-V) ou à l'entrée du circuit.
www.marrakechgrandprix.com

MadJazz Festival

Le théâtre de plein air de l'Institut français accueille chaque premier week-end d'avril des figures de la scène marocaine pour des concerts de jazz classique, fusion ou beat.
www.if-maroc.org/marrakech

Juin-juillet

Marrakech du rire

Inauguré en 2011 à l'initiative du comique français d'origine marocaine Jamel Debbouze, ce festival francophone rassemble fin juin des humoristes de tout acabit et de toute provenance sur les scènes du Théâtre royal, du cinéma Colisée, de l'Institut français, ainsi que sur une scène montée exprès dans l'enceinte du palais El-Badi. Vente des billets en ligne ou au Théâtre royal de Marrakech.
www.marrakechdurire.com

Festival national des arts populaires

Depuis plus de 50 ans, ce festival propose cinq jours durant (fin juin ou début juillet) un vaste panorama de la culture traditionnelle marocaine. À cette occasion, la grande cour du palais El-Badi revient à la vie et se transforme en devenant le théâtre de manifestations folkloriques. Le festival envahit aussi la place Jemaa el-Fna pour perpétuer des traditions de plus en plus marginalisées.
www.facebook.com (Festival National des Arts Populaires)

Septembre

Moussem de Setti Fatma

Pendant trois jours dans la seconde quinzaine du mois d'août, la vallée de l'Ourika devient le centre d'un des pèlerinages les plus importants de la région. Autour du tombeau de Setti Fatma, une sainte connue pour ses pouvoirs guérisseurs, se réunissent d'innombrables pèlerins venus des quatre coins du pays.

World Salsa Congress

Ce festival de salsa, kizomba et bachata accueille chaque année, pendant une semaine au début du mois de septembre, des musiciens et danseurs professionnels venus du monde entier pour enflammer le public du Palmeraie Resort. Au programme : spectacles, soirées dansantes, *pool parties* et cours de danse.
www.salsacongress-marrakech.com

Décembre

Festival international du film de Marrakech

Initié en 2001 par Daniel Toscan du Plantier pour créer un pont entre les cinémas du nord et du sud, ce festival a depuis longtemps acquis ses lettres de noblesse. Devenu un rendez-vous incontournable du 7e art, il rassemble chaque année, début décembre, de grands noms du cinéma international. Les projections ont lieu au palais des Congrès, au cinéma Colisée et sur la place Jemaa el-Fna. Demande d'accréditation pour le public sur le site.
www.festivalmarrakech.info

Les *moussem*

Ces grandes fêtes populaires ont une fonction économique, culturelle et sociale. Organisées autour du tombeau d'un saint, elles donnent généralement lieu à de véritables déchaînements de mysticisme : sacrifices animaux, transes... Mais il s'agit parfois de simples festivités célébrant une tradition, un animal ou un événement du calendrier agricole.

Visites

PAR QUARTIER

Koutoubia

À SAVOIR

Place Rahba el-Kdima

VISITER MARRAKECH

Nous avons découpé la ville en **11 quartiers** qui se visitent tous aisément à pied, à l'exception du quartier de l'Hivernage, pour lequel les services d'un petit taxi peuvent se révéler très utiles. Idem pour vos déplacements entre la médina et la ville nouvelle et vice versa. À ces 11 quartiers s'ajoutent 2 visites dans les environs de la ville, qui nécessitent un moyen de transport : voiture, bus ou grand taxi.

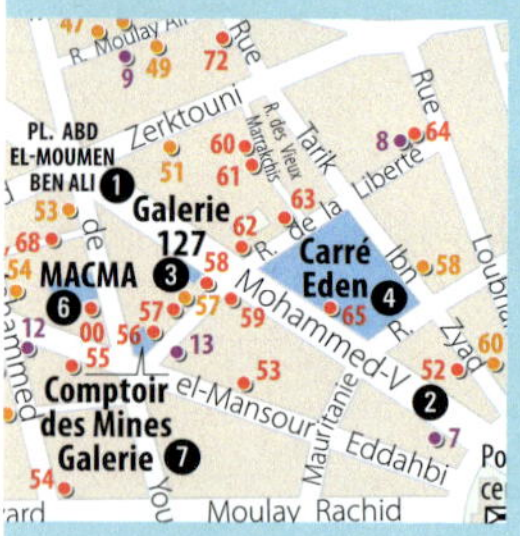

LIRE LES CARTES

Chaque visite est accompagnée d'un plan détaillé sur lequel nous avons placé tous les **points d'intérêt** du quartier. Les **pastilles de couleur** indiquent nos bonnes adresses de **restos,** de **bars** et de **boutiques.** Le numéro de la pastille colorée correspond à celui attribué à chacune des adresses. Reportez-vous au chapitre concerné pour lire la notice de l'établissement.

RAMADAN

Le respect du jeûne pendant le ramadan est une obligation pour tous les Marocains de confession musulmane à partir de la puberté. Seuls les voyageurs, les malades et les femmes enceintes, allaitant ou indisposées peuvent y échapper, sous réserve de récupérer plus tard les jours de jeûne manqués. Toute personne non soumise au jeûne doit cependant éviter de manger, de boire ou même de fumer en public. Pendant le mois de ramadan, les horaires des magasins, administrations, banques et musées subissent des changements et ferment généralement entre 15h et 16h. De nombreux cafés et restaurants en profitent aussi pour prendre leur congé annuel.

Palais de la Bahia

ALCOOL

La consommation d'alcool n'est pas interdite au Maroc mais les licences sont plus compliquées à obtenir qu'ailleurs. Conséquence : un grand nombre de petits restaurants et cafés ne proposent pas d'alcool. Dans notre guide, nous avons indiqué les tables et établissements qui en servent. Attention cependant, pendant le ramadan, la loi oblige les restaurateurs à refuser de servir de l'alcool à une table où au moins un musulman, marocain ou étranger, serait assis.

MOSQUÉES

Le Maroc fait figure d'exception : contrairement aux autres pays de même confession, l'accès à ses mosquées et aux lieux de pèlerinages (mausolée, koubba...) est interdit aux non-musulmans, à l'exception de quelques très rares cas. Cette interdiction remonterait à l'époque du protectorat français et serait une décision prise par le maréchal Lyautey pour ne pas heurter la sensibilité musulmane dans un climat de grande tension.

1 La place JEMAA EL-FNA

● Restos & bistrots p. 95 ● Boutiques p. 141

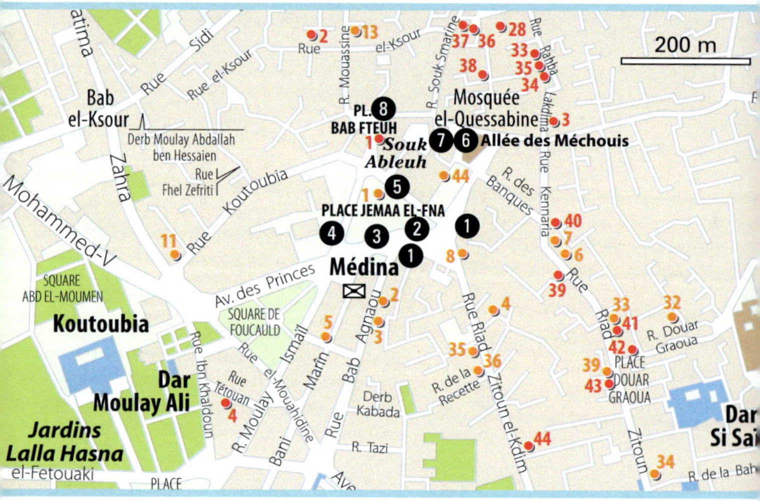

Cette immense esplanade, véritable cour des Miracles, est l'une des places les plus célèbres de tout le Maghreb. Surnommée « place du Néant », « assemblée des Morts » ou encore « réunion des Trépassés » car elle fut le lieu d'exécutions publiques, elle tiendrait en fait son nom d'une colossale mosquée dont la construction fut abandonnée en 1603, suite à l'épidémie de peste qui emporta le sultan Ahmed el-Mansour. Point de repère incontournable et centre névralgique de Marrakech, elle offre à toute heure un spectacle changeant et fascinant.

❶ LA PLACE VUE D'EN HAUT★★★

Pour se familiariser avec les dimensions et l'incessante animation de la place Jemaa el-Fna, une observation globale est nécessaire. Pour ce faire, les terrasses panoramiques offrent une vue imprenable. On s'y contentera d'un rafraîchissement car leur cuisine est le plus souvent loin d'être à la hauteur de leur situation. À partir d'une de ces terrasses, on assistera pendant la journée au ballet des petits taxis, calèches et Mobylette qui traversent la place à tombeau ouvert, puis en fin d'après-midi au rassemblement des saltimbanques, dont la présence quotidienne lui a valu son inscription au Patrimoine immatériel de l'humanité.

❷ MARCHANDS D'AGRUMES★★★

Au centre de la place, les roulottes des marchands d'agrumes servent pour 5-10 Dh de grands verres de jus d'orange, de pamplemousse, de citron, de grenade, ou pour 10-15 Dh des smoothies d'avocat, de banane, de fraise... Si vous avez de la chance, vous croiserez un petit vendeur de *sfenjs*, éventaire en bandoulière, proposant à la criée ses beignets frits en forme de couronne.

❸ LE BALLET DES SALTIMBANQUES★★★

En fin d'après-midi, une foule grouillante et bigarrée envahit la place, qui devient le théâtre de multiples attractions. Les danseurs et musiciens se laissent entraîner par des rythmes envoûtants, les acrobates d'Amizmiz construisent leurs pyramides humaines, les conteurs fascinent les foules,

Place Jemaa el-Fna

les diseuses de bonne aventure promettent monts et merveilles, les montreurs de singes font des farces aux passants, les charmeurs de serpents subjuguent les spectateurs, les écrivains publics, assis par terre à l'ombre d'un parapluie, attendent le chaland tandis que les *hennaya*, installées sur leur petit tabouret de paille, brandissent leur catalogue de tatouages au henné sous le nez des promeneuses...

❹ LES GNAOUAS***

Descendants d'anciens esclaves soudanais ou guinéens, les Gnaouas, vêtus de caftans brodés et coiffés de petits bonnets multicolores incrustés de coquillages, exécutent des danses acrobatiques au rythme enivrant des tambours, *guembri* et *qraqeb* (ces castagnettes en fer au son vibrant). S'ils ne laissent apparaître ici que l'aspect folklorique de leurs traditions, ils sont en réalité des musiciens-guérisseurs qui invoquent les esprits, et dont les mélopées incantatoires provoquent des transes pouvant durer plusieurs heures.

❺ LES *GUERRAB***

Dans leur tenue bariolée, les porteurs d'eau arpentent la place d'un bout à l'autre. Harnachés de leurs coupelles

Pause roborative au coude à coude au Snack Toubkal

Cette crèmerie, qui ouvre ses portes à l'aube, est une institution à Marrakech. Commerçants du quartier et touristes s'y bousculent dès le petit déjeuner pour se restaurer de yaourts, de lait d'amande et de crêpes marocaines. Plus tard, tagines, couscous, brochettes et salades prennent le relais pour le plus grand bonheur des petits budgets, qui y dégusteront un repas complet pour environ 60 Dh. De la terrasse, possibilité d'observer les mille détails de l'animation de la place.

● 8 • 48, pl. Jemaa el-Fna
• T.l.j. 6h-23h.

Guerrab

en cuivre, ils proposent de l'eau conservée au frais dans leur outre. La plus grande prudence est recommandée, et il vaut mieux se contenter de les photographier (ils s'y prêtent volontiers) en échange de quelques pièces !

❻ ALLÉE DES MÉCHOUIS**

À gauche de la mosquée el-Quessabine, un étroit passage vous mènera à une allée très particulière qui s'anime à l'heure du déjeuner ! Dans des fours creusés à même la terre, les marchands font cuire des agneaux entiers, qu'ils découpent ensuite à grands coups de machette pour les vendre au poids dans du papier sulfurisé ou des miches de pain bien frais. Saupoudré de sel et de cumin, c'est un vrai régal qui ne vous coûtera qu'une soixantaine de dirhams par personne !

❼ SOUK ABLEUH**

Pour accompagner votre méchoui, rendez-vous dans la ruelle parallèle (à gauche) : royaume des vendeurs d'olives, de piments et de citrons confits, vous y trouverez un véritable kaléidoscope de couleurs et d'arômes ! Violettes, vertes, noires, au thym, au piment, à l'ail, les olives s'y déclinent dans tous leurs états !

❽ BAB FTEUH**

L'atmosphère de cette petite place triangulaire est restée assez authentique. Sur son pourtour s'ouvrent plusieurs fondouks, d'anciens caravansérails qui servaient d'hôtels aux marchands venus de tout le pays écouler leur cargaison à la ville. Les dromadaires occupaient le rez-de-chaussée, tandis que l'étage en loggia était réservé aux hommes et aux marchandises les plus précieuses. Si certains fondouks de Bab Fteuh, à moitié en ruine, abritent encore un incroyable capharnaüm d'articles, d'autres sont dorénavant réhabilités et transformés en échoppes ou en ateliers d'artisans bien ordonnés.

2 Autour de LA KOUTOUBIA

● Restos & bistrots p. 99 ● Bars, clubs & sorties p. 127 ● Boutiques p. 142

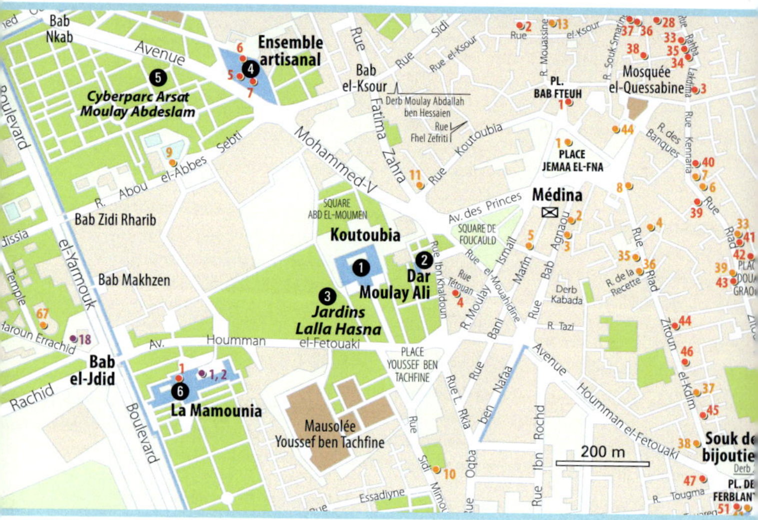

Cette partie de la ville, située à la lisière des remparts, est le véritable centre géographique de Marrakech. D'un côté la ville nouvelle autour de l'axe du boulevard Mohammed-V, de l'autre la médina derrière ses murailles vieilles de huit siècles.

❶ KOUTOUBIA**

Elle est l'emblème et la fierté de Marrakech ! Avec son minaret de pierre dorée qui domine la ville depuis le XIIe s. et ses 17 nefs intérieures richement décorées, elle compte parmi les plus grandes mosquées du Maghreb. Ses proportions harmonieuses et son décor raffiné en font un chef-d'œuvre d'art hispano-mauresque. N'hésitez pas à lui rendre visite à différentes heures, pour profiter des changements si photogéniques de lumière. Son nom lui vient des échoppes de vendeurs de manuscrits, qui se tassaient à l'origine à ses pieds.

Une construction à rebondissements

Après s'être rendu maître de Marrakech en 1147, le sultan Abd el-Moumen entreprend d'effacer tout signe de son prédécesseur, l'Almoravide Abou Bakr. Il détruit palais et complexe religieux pour les remplacer par une mosquée encore plus prestigieuse. Mais à peine achevé, le sanctuaire se révèle mal orienté par rapport à La Mecque ! Qu'à cela ne tienne, on lance immédiatement la construction d'une mosquée mitoyenne. Les deux édifices cohabitèrent probablement quelque temps avant la démolition du premier, dont ne subsistent que les fondations. Seul le minaret a été conservé.

Le minaret

Fleuron incontesté de l'art almohade, qui privilégie la sobriété des lignes, le minaret dégage de prime abord une certaine austérité. Mais observez ses quatre faces : leurs motifs ornementaux, tous différents, sont d'une extrême délicatesse. Construit en grès schisteux sur un plan carré de presque 13 m de côté, le minaret est terminé par un lanternon de 16 m coiffé d'un dôme, que surplombent quatre boules de cuivre doré de taille décroissante. La légende prétend que, comme celles de la mosquée de la kasbah, elles furent fondues dans l'or des bijoux d'une épouse fautive.

Av. Mohammed-V
• Entrée interdite aux non-musulmans.

Pause panoramique au Café Kif Kif

Un *rooftop* cosy et joliment décoré où s'extraire du tumulte ambiant, le temps d'avaler une salade de légumes grillés, un gaspacho, un tagine de sardines, un hamburger maison... ou juste boire un thé, une orange pressée, un mojito ou une bière. Le tout sans dépenser plus d'une centaine de dirhams, en tutoyant du regard le minaret de la Koutoubia.

● 11 • 28, rue Koutoubia, angle av. Mohammed-V • ☎ 06 49 07 14 98 • www.cafekifkif.com • Lun.-dim. 10h-23h30.

❷ DAR MOULAY ALI*

Au pied de la Koutoubia, au cœur d'un jardin luxuriant protégé par de hauts murs aveugles, se niche Dar Moulay Ali. Dans cette somptueuse demeure du XIXe s., le maréchal Lyautey recevait avec faste le sultan Moulay Youssef, l'arrière-grand-père du roi Mohammed VI. Après avoir servi de consulat général de France, la maison a été reconvertie en centre culturel. À défaut de pénétrer dans les salons réservés au consul, qui habite toujours le premier étage, vous pourrez déambuler dans l'ancienne salle des mariages, où sont organisées des expositions temporaires, et dans le ravissant patio arboré semé de sculptures contemporaines.

Rue Ibn Khaldoun • ☎ 05 24 42 85 48 • www.darmoulayali.ma • Mar.- sam. 10h-18h • Entrée : 40 Dh.

❸ LES JARDINS DE LALLA HASNA*

À la tombée de la nuit, les allées et les bancs publics de ce ravissant jardin aménagé à l'arrière de la Koutoubia s'emplissent de rires d'enfants et de conciliabules amoureux. Se mêler à la foule en quête de fraîcheur est un excellent moyen de prendre le pouls de la vie marrakchie et d'échapper à la turbulence de la circulation automobile. Ponctuée de palmiers, d'orangers et d'une multitude de rosiers, la promenade offre aussi une belle vue sur le minaret de la Koutoubia et sur la base des colonnes qui soutenaient la mosquée détruite au milieu du XIIe s. pour défaut d'orientation.

Av. Mohammed-V • Toujours ouvert • Accès libre.

❹ ENSEMBLE ARTISANAL*

Idéal pour avoir un aperçu des différentes productions artisanales et pour se familiariser avec les prix dans un cadre calme et ordonné. Ici sont réunis, par professions et dans des boutiques numérotées, des artisans diplômés d'État qui fabriquent souvent sur place. On peut ainsi admirer la dextérité du tisserand et du dinandier ou la précision des zelligeurs. Prix globalement 10 à 20 % plus élevés que ceux qui sont obtenus après un marchandage soutenu dans les souks : animaux en laiton à partir de 40 Dh, colliers en passementerie à partir de 25 Dh.

Av. Mohammed-V • Lun.-sam. 9h-19h, dim. 9h-14h (certaines échoppes ferment à l'heure du déjeuner).

❺ CYBERPARC ARSAT MOULAY ABDESLAM*

Conçu au XVIIIe s. par un des fils du sultan Sidi Mohammed ben Abdallah, ce magnifique jardin qui s'étend sur près de 8 ha fait le bonheur des flâneurs... et des internautes. Disséminées le long des allées de terre rouge bordées de palmiers, d'orangers et de citronniers, des bornes multimédia sont à la disposition gratuite des promeneurs, tandis qu'une connexion Wifi non protégée couvre la quasi-totalité du parc. Pour des consultations plus longues, un cyber espace couvert dispose d'ordinateurs (lun.-ven. 8h30-18h30, sam.-dim. 9h30-12h et 15h-18h30 ; 10 Dh/heure). À l'entrée du parc (côté Koutoubia), un petit **musée des Télécoms** (accès libre) retrace l'histoire du téléphone depuis le début du XXe s.

Av. Mohammed-V, entrée face à l'ensemble artisanal • T.l.j. de l'aube à la tombée du jour.

❻ LA MAMOUNIA★★

Superbe alliance d'architecture arabo-andalouse et Art déco, ce palace, qui depuis 1923 a vu défiler stars, hommes d'État et têtes couronnées, est un but de visite à part entière. C'est aux 7 ha de jardin qui l'entourent, cadeau de mariage reçu au XVIIIe s. par le prince Mamoun, que l'hôtel doit son nom. Si vous portez une tenue correcte, n'hésitez pas à y pénétrer d'un pas résolu. La Mamounia accueille 5 bars d'inspirations différentes, où vous pourrez savourer un excellent cocktail (voir p. 127). Repensée en 2009, la décoration intérieure de l'hôtel n'a plus rien à voir avec celle du palace original.

Derrière Bab el-Jdid • ☎ 05 24 38 86 00 • www.mamounia.com • Ouverture t.l.j. entre 10h et 1h, variable selon les bars.

Mamounia

Marrakech, ville impériale

Située à la croisée des chemins entre la plaine atlantique et la chaîne montagneuse de l'Atlas, Marrakech, qui a donné son nom français au pays, bénéficie d'une situation géographique idéale. Plusieurs fois capitale du royaume, elle a connu des heures de gloire durant lesquelles son rayonnement s'étendait jusqu'à Rome et Paris. Intimement liée à l'histoire des grandes dynasties, elle fut l'objet de bien des convoitises et reste aujourd'hui encore la « Perle » du Maroc.

DES DÉBUTS GLORIEUX

Fondée en 1062 par **Youssef ben Tachfine,** premier souverain de la dynastie almoravide et conquérant victorieux en Espagne, Marrakech devient très vite une cité florissante où convergent de nombreux scientifiques, philosophes et architectes. S'inscrivant dans la lignée des grands bâtisseurs, les **souverains almohades** qui s'emparent de la ville en 1147 contribuent à son épanouissement culturel et économique. Sous le règne de **Yacoub el-Mansour,** dit « le Victorieux » grâce à ses succès dans la péninsule Ibérique, la renommée de la ville, qui exporte sa civilisation brillante et raffinée, atteint son apogée.

Les remparts

Majestueux témoins d'une histoire mouvementée, les remparts de Marrakech sont caractéristiques de l'architecture défensive berbère. Bâtis en pisé d'argile rouge, ils s'étendent sur plus de 19 km, protégeant ainsi toute la médina. Ils sont flanqués de quelque 200 tours carrées et percés de portes monumentales (*bab* en arabe) représentatives du style arabo-andalou. La meilleure façon de les admirer tout à son aise est d'en faire le tour en calèche.

GRANDEUR ET DÉCADENCE

Après les succès de la reconquête chrétienne en Espagne, l'empire se morcelle et **Marrakech tombe en 1269 aux mains des Mérinides,** qui la délaissent au profit de Fès, leur nouvelle capitale. Elle redevient la proie des tribus arabes et berbères, et il faudra attendre l'**avènement des Saadiens au XVIe s.,** et en particulier le règne d'Ahmed el-Mansour dit « le Doré », pour la voir renouer avec sa splendeur passée. La **dynastie alaouite,** dont est issu le souverain actuel, s'impose dès 1667. **Moulay Ismaïl,** surnommé « le Louis XIV marocain », entreprend la destruction quasi systématique de toutes les traces de la grandeur saadienne et choisit Meknès comme capitale.

Remparts de Marrakech

UNE VILLE À DEUX VISAGES

Intégrée sous le protectorat au grand projet national d'urbanisation, Marrakech change de visage sans pour autant se départir de son identité et de son charme. Les nouveaux quartiers européens du **Guéliz** et de l'**Hivernage** voient le jour dans le respect des couleurs naturelles de la ville, qui passe de moins de 100 000 habitants au début du XXe s. à environ 1 million de nos jours, dont près de 200 000 pour la seule médina.

VERS LA MODERNITÉ

Depuis son accession au trône en juillet 1999, le roi **Mohammed VI** affiche sa volonté d'orienter le Maroc vers la modernité. Mais, en dépit du développement des infrastructures économiques du pays, de la multiplication des grands axes de circulation et du renforcement des politiques sociales, le fossé entre élite économique et classe défavorisée a bien du mal à se résorber. Malgré la **réforme du Code de la famille,** qui a jeté les bases de l'égalité juridique entre les sexes, les mentalités sont lentes à évoluer. Toutefois des changements touchant l'âge légal du mariage pour les femmes, relevé à 18 ans au lieu de 15, ou le droit des femmes à demander le divorce sont devenus effectifs, et si la polygamie et la répudiation existent encore, elles ont tendance à se raréfier. La première pour des raisons économiques, et la seconde parce qu'elle est désormais soumise à l'approbation d'un juge.

UNE VILLE ROYALE

Ayant perdu son titre de capitale politique au profit de Rabat, **Marrakech reste la capitale religieuse du royaume.** Tout comme le faisait son père avant lui, le souverain Mohammed VI s'y rend régulièrement. Le Palais royal, bâti au XVIIIe s. par le sultan alaouite Mohammed ben Abdallah, ne se visite pas. Il faut se contenter de le deviner derrière ses hautes murailles.

L'architecture

Fruit de l'invasion marocaine dans la péninsule Ibérique, l'art hispano-mauresque est né de la rencontre entre les traditions artistiques islamiques et andalouses. Art et architecture s'y mêlent intimement pour donner naissance à un style plus sobre que dans les autres pays arabes et délivré de l'influence ottomane. Marrakech recèle encore quelques-uns des plus beaux témoignages du genre.

DES PALAIS CACHÉS

Ressemblant extérieurement à des cubes ocre s'encastrant les uns dans les autres, les **riads,** dont le nom signifie à l'origine « jardin », se retrouvent dans tout le monde arabo-andalou. Tout y est conçu pour préserver la famille des regards de la rue, et de la chaleur. Les hauts murs sont percés de minuscules et rares ouvertures, elles-mêmes protégées par des **moucharabiehs** (panneaux de bois finement sculptés et ajourés qui permettaient aux femmes de voir sans être vues). Les différentes pièces, qui ne communiquent pas entre elles, s'agencent autour d'un patio arboré divisé en quatre parterres au centre desquels coule une fontaine.

Des murs de velours

Mélange de chaux et de pigments naturels, le tadelakt est un enduit utilisé pour les revêtements muraux. Son aspect brillant et satiné est le résultat d'un ponçage et d'un lustrage soigneux. Traditionnellement utilisé en raison de ses propriétés d'étanchéité, le blanc d'œuf qui servait au lustrage est aujourd'hui remplacé par un simple cirage. Les colorants chimiques permettent à présent d'obtenir des couleurs variées qui se substituent aux teintes ocres d'origine.

ENTRE CIEL ET TERRE

Se démarquant de leurs frères orientaux, les **minarets marocains,** tout comme ceux d'Espagne, sont construits sur un plan carré. Surmontés d'un lanternon lui-même couvert d'un dôme, ils sont bâtis en pierres savamment appareillées, et percés de plusieurs fenêtres. La **Koutoubia** (voir p. 28), parfait modèle de l'art almohade, présente des ornementations différentes sur chacune de ses faces.

DES ARCS EN TOUT GENRE

Bab Agnaou (voir p. 62) est un prodigieux exemple de la maîtrise des architectes arabo-andalous. Un arc outrepassé, dit « en fer à cheval » (qui dessine un arc plus grand qu'un demi-cercle) et un arc brisé se superposent à un arc en plein cintre. On rencontre aussi de nombreux exemples d'arcs polylobés (formés d'une succession de petits segments concaves ou de festons à caractère purement décoratif) ou encore d'arcs entrelacés.

Palais de la Bahia

HORROR VACUI OU LA PEUR DU VIDE

L'islam interdisant la représentation figurative d'êtres vivants, une extraordinaire richesse décorative s'est développée, atteignant la finesse de la dentelle. Trois éléments fondamentaux la constituent : la calligraphie, encouragée par le besoin de consigner par écrit les sourates du Coran (on distingue les caractères coufiques, anguleux et stylisés, de l'écriture cursive plus déliée et arrondie), l'ornementation florale (arabesques, entrelacs de feuillages et de palmes) et les motifs géométriques (extrême complexité de l'enchevêtrement des divers polygones).

UNE NOUVELLE MOSAÏQUE

Apparu au Maroc dès le Xe s., l'**art du zellige** se propage rapidement pour devenir l'ornementation de base de tout édifice, religieux ou privé. Assemblages géométriques de fragments de céramique émaillée, les compositions varient à l'infini. Les motifs sont d'abord dessinés sur le carreau de céramique, puis le *maalem*, l'artisan spécialisé, muni d'un petit marteau aiguisé sur ses deux faces, détache un à un les morceaux. Une autre technique utilisée pour les caractères d'écriture consiste à excaver les carreaux de céramique pour faire apparaître le dessin en relief.

UNE ABONDANCE DE MATÉRIAUX

La surabondance de décorations intérieures contraste avec la sobriété extérieure des monuments. Les artisans étaient passés maîtres dans l'art de mouler, sculpter, ciseler et graver la pierre, la brique, le marbre, le plâtre et le stuc (mélange de plâtre et de colle), ainsi que le bois de cèdre réputé imputrescible. Ils réalisaient ainsi claustras (panneaux ajourés laissant passer l'air et la lumière), ***mouqarna*** (stalactites ornant les coupoles ou les encorbellements), charpentes (les fameuses *koubba*), mobilier (coffres, chaises, portes), frises et linteaux (reprenant les versets du Coran ou relatant les faits et gestes d'un monarque).

3 Le quartier Mouassine ET LE JARDIN SECRET

● Restos & bistrots p. 100 ● Bars, clubs & sorties p. 129 ● Boutiques p. 143

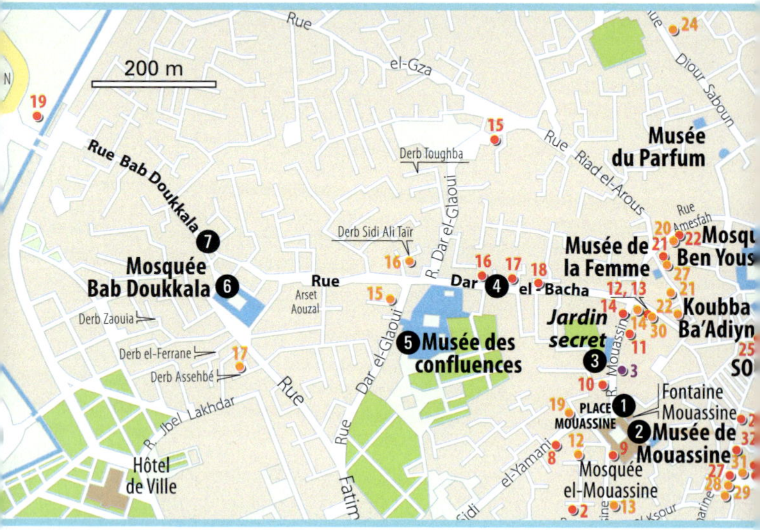

Quartier charnière à mi-chemin entre ville moderne et ville ancienne, cette partie de la médina jouxtant les souks symbolise bien la rencontre de deux mondes. On passe sans l'apercevoir de la tumultueuse rue Fatima Zahra, où vrombissent des véhicules en tout genre, à des ruelles de plus en plus étroites où seules charrettes et Mobylette peuvent s'aventurer.

❶ PLACE MOUASSINE★★★

Cette jolie place, à laquelle on accède facilement à partir de Bab el-Ksour, est un point de départ stratégique pour la visite des souks. Épicentre animé du quartier, elle borde la mosquée et la fontaine Mouassine, toutes deux bâties par le Saadien Moulay Abdallah au XVIe s. Les vasques de la fontaine abritées par les trois arcades servaient d'abreuvoir aux animaux, tandis que celle sous l'auvent était réservée aux hommes. Remarquez le travail délicat des deux linteaux en bois de cèdre et du portique orné de plâtre sculpté qui les soutient.

❷ MUSÉE DE MOUASSINE★★

Lors de la réhabilitation du quartier aux XVI-XVIIe s., des familles érudites et puissantes s'y firent construire de somptueuses demeures. Celle qui abrite le musée était composée d'un riad – l'habitation principale de la famille – et d'une *douiria*, littéralement « petite maison ». La première était agencée autour d'un jardin avec fontaine, la seconde, plus modeste et sans jardin, servait d'appartement pour loger les invités. Une restauration minutieuse de l'ensemble a permis de mettre au jour des peintures d'origine dans la *douiria*. Leurs couleurs acidulées formidablement préservées sont un cas unique à Marrakech.

4-5, derb el-Hammam • ☎ 05 24 37 77 92 • www.museedemouassine.com • T.l.j. 9h30-19h • Entrée : 30 Dh.

❸ LE JARDIN SECRET★★★

Il suffit d'un regard pour comprendre le caractère exceptionnel du lieu : un double riad aux dimensions considérables où l'on pourrait facilement passer plusieurs heures à déambuler à l'ombre des frondaisons. Édifié au XVIe s. puis rebâti au XIXe, l'ensemble se compose aujourd'hui de deux jardins contigus : l'un

Jardin secret

exotique, avec des espèces venant des cinq continents, l'autre islamique et divisé en quatre parterres égaux, comme le veut la tradition orientale basée sur la description coranique du paradis. Un véritable éden où l'eau et les mécanismes hydrauliques tenaient une place importante. Signe extérieur de richesse et de pouvoir, un hammam, une koubba et une tour mirador, d'où la vue embrasse la médina et les cimes de l'Atlas, complètent le décor.

121, rue Mouassine • ☎ 05 24 39 00 40 • www.lejardinsecretmarrakech.com • T.l.j. : nov.-jan. 9h30-17h30 ; fév.- mars et oct. 9h30-18h30 ; avr.-sept 9h30-19h30 • Entrée : 50 Dh, accès à la tour 30 Dh supplémentaires • Belle terrasse de café-restaurant avec vue sur le jardin.

❹ RUE DAR EL-BACHA*

De part et d'autre de la rue Dar el-Bacha, aussi appelée rue Sidi Abdelaziz, ne manquez pas les beaux fondouks réhabilités qui accueillent des échoppes d'artisans ou de commerçants. Ces caravansérails servaient autrefois à loger les marchands venus des quatre coins du pays.

Pause bucolique au Bougainvillier Café

Dans un patio aux tons roses et ocre, mêlant style arabo-andalou et déco contemporaine, ce café est une halte agréable et abordable pour un en-cas ou un repas plus copieux, à toute heure de la journée. Cocktails de fruits (29 Dh), sandwichs et paninis (30-45 Dh), tagines (80-95 Dh) et trio de salades marocaines (55 Dh). Wifi gratuit.

● 19 • 33, rue Mouassine • ☎ 05 24 37 80 67 • T.l.j. 10h-22h.

Les mules et les dromadaires s'entassaient au rez-de-chaussée, les hommes et leurs marchandises au premier étage.

❺ MUSÉE DES CONFLUENCES***

De hauts murs aveugles signalent l'ancien palais de Thami el-Glaoui, le plus puissant des pachas du Maroc au début du XXᵉ s. Gouverneur de Marrakech pendant le protectorat, il accueillit ici des personnalités comme Winston Churchill. Surnommé le seigneur de l'Atlas par la presse européenne, il était réputé entre autres pour ses conquêtes féminines dans la bonne société parisienne. Son somptueux palais du début du XXᵉ s. a été restauré et se visite désormais : patios arborés, portes ouvragées, stucs délicatement ciselés, chapiteaux sculptés, zelliges colorés, plafonds de cèdre peints... Tout y respire l'opulence d'antan.
Rue Dar el-Bacha • www.fnm.ma/musee-dar-el-bacha-de-marrakech/ • T.l.j. sf mar. 10h-18h • Entrée : 60 Dh.

Musée des Confluences

La fontaine Sidi el-Hassan (l'un des artistes protégés par Lalla Messaouda), surmontée de trois coupoles, ne fonctionne plus mais a conservé son beau linteau ouvragé.
Entrée interdite aux non-musulmans.

❻ MOSQUÉE BAB DOUKKALA*

Construite au milieu du XVIᵉ s. sur ordre de Lalla Messaouda, grande protectrice des arts et des lettres, cette mosquée rappelle en bien des points celle de la kasbah. Elle est le dernier vestige des nombreuses constructions entreprises par la mère du sultan saadien Ahmed el-Mansour.

❼ RUE BAB DOUKKALA*

Plus populaire et plus authentique que la rue Dar el-Bacha qu'elle prolonge, cette artère s'anime chaque matin lorsque les paysans des environs viennent y vendre leur production. Elle débouche sur Bab Doukkala, l'une des principales portes d'accès de la médina, où se tient un marché alimentaire coloré et odorant.

4 Le quartier BEN YOUSSEF

● Restos & bistrots p. 102 ● Boutiques p. 150

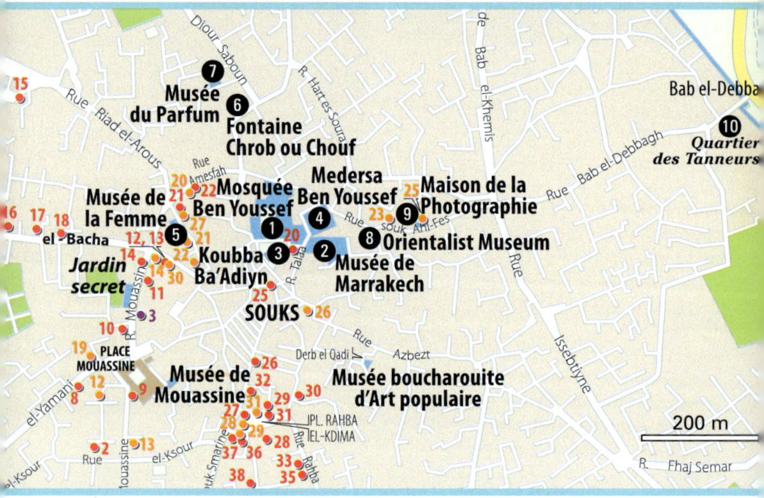

Centre religieux et intellectuel de la ville pendant des siècles, ce quartier situé à quelques pas des souks est un des hauts lieux de la médina historique. Étape importante pour les pèlerins visitant les tombeaux des sept saints patrons de la ville, c'est aussi un quartier d'habitation, peuplé et animé.

❶ MOSQUÉE BEN YOUSSEF*

Construite au XIIe s. par les Almoravides, en grande partie détruite et reconstruite par les Almohades, puis restaurée au XIXe s., c'est la plus ancienne mosquées de la ville. Dédiée à Sidi Youssef ben Ali, l'un des sept saints de Marrakech, atteint de la lèpre et vivant parmi les mendiants, elle fut longtemps le centre névralgique de la médina.

Entrée interdite aux non-musulmans.

❷ MUSÉE DE MARRAKECH***

La fondation Omar-Benjelloun, désireuse de doter la ville

Musée de Marrakech

d'un musée, a mené à bien la restauration du palais Mnebhi pour y exposer, en pleine médina, une très belle collection d'art arabo-musulman. Il s'agissait aussi de créer un espace culturel accueillant des expositions temporaires d'artistes contemporains.

Le palais Mnebhi

Cette grande demeure de 2 100 m², bâtie sur un seul niveau, date du XIXe s. Elle fut la propriété de Moulay Mehdi Abdallah, ministre de la Guerre sous le sultan Moulay el-Hassan. Construite sur le principe des maisons traditionnelles, elle s'ordonne autour d'un vaste patio central (environ 700 m²) où coule une fontaine.

Une façade austère

Demeure aveugle, à l'abri derrière de hauts murs que rien ne distingue des murs voisins, elle semble entièrement repliée sur elle-même et ne laisse rien deviner de ses richesses intérieures. Les fenêtres s'ouvrent sur l'intérieur ou sont protégées par des moucharabiehs.

La collection

Volontairement éclectique, la collection regroupe des pièces d'art patrimonial d'époques et de provenances diverses : des costumes traditionnels et de cérémonie, des accessoires et des bijoux en or, en argent et en pierreries, tout une gamme d'armes ciselées (fusils, poignards et sabres), des manuscrits du XIXe s., des corans et des livres de prière enluminés, mais aussi des monnaies almoravides et almohades frappées au nom des souverains, en or, en argent, en bronze ou en cuivre, et enfin des céramiques du XVIIIe s. et des gravures anciennes.

Pl. Ben Youssef • ☎ 05 24 44 18 93 • www.museedemarrakech.ma • T.l.j. 9h-18h (jusqu'à 19h mars-oct. et 16h pendant le ramadan) ; f. les jours de fêtes religieuses • Entrée : 50 Dh.

❸ KOUBBA BA'ADIYN★★

Seul véritable témoignage de l'art almoravide et unique vestige de la première mosquée Ben Youssef, cette koubba (monument élevé sur la tombe d'un personnage vénéré), découverte en 1948, est le plus vieux monument de Marrakech. Son installation hydraulique laisse penser qu'elle servait de salle d'ablution aux croyants se rendant à une mosquée voisine. Une terrasse à mi-hauteur qui court tout autour de l'édifice permet d'admirer la coupole décorée de chevrons en relief et d'arcatures entrelacées autour d'une étoile à sept branches.

Pl. Ben Youssef
• www.qoubba-almoravide.com
• T.l.j. 9h-19h • Entrée : 60 Dh.

❹ MEDERSA BEN YOUSSEF★★★

Les medersas, du verbe arabe *darassa* signifiant « enseigner », naissent en Orient au XIe s. et se propagent dans tout le monde arabe jusqu'à leur apparition au Maghreb au XIIIe s. Établissement tout d'abord exclusivement destiné à l'enseignement des sciences religieuses *(ilm),* la medersa devient par la suite le centre de diffusion d'une culture profane *(adab)* incluant philosophie, géographie, médecine, mathématiques, astronomie...

Une renommée sans égale

C'est à l'emplacement d'une medersa datant des Mérinides que la medersa Ben Youssef fut édifiée au XVIe s. par le sultan saadien Moulay Abdallah el-Ghalib Billah. Elle devint rapidement une école coranique de premier ordre dont la notoriété dépassait les frontières. Les étudiants, logés dans les cellules à l'étage, affluaient de partout. La medersa pouvait, dit-on, en accueillir jusqu'à 900.

Une architecture originale

Rompant avec la tradition des quatre *iwan* (salles de cours) et d'un *haram* (salle de prière), la medersa Ben Youssef est dotée d'une unique salle, consacrée tout à la fois à l'enseignement et à la prière. Son architecture rectiligne, enrichie d'une profusion de décors mêlant harmonieusement bois de cèdre, stuc, marbre et zelliges, correspond parfaitement à l'esthétique saadienne.

Medersa Ben Youssef

Pause champêtre au Jardin

Un tapis de zelliges verts en guise de prairie, des frondaisons luxuriantes filtrant une douce lumière, une enfilade de petits salons, mezzanine et terrasse où s'isoler devant un jus de fruit frais, ce café-restaurant offre un cadre idéal à qui veut oublier le tohu-bohu de la médina. Le service continu permet de se restaurer à toute heure d'un dessert, d'un gaspacho (50 Dh), d'un caviar d'aubergine (70 Dh), d'un tagine (90-130 Dh)...

● 27 • 32, derb Souk Sidi Abdelaziz • ☎ 05 24 37 82 95 • www.lejardinmarrakech.com • T.l.j. 11h-23h.

Le sanctuaire

La cour centrale, ornée d'un bassin à ablutions rectangulaire d'une extrême sobriété, est entièrement dallée de marbre blanc. Face à l'entrée, un somptueux portail ouvragé donne accès à la salle de prière, dont le plafond de cèdre octogonal est sculpté et peint. Partout, en bois, en stuc ou en faïence excisée, des épigraphes, des versets coraniques, des inscriptions votives et des dithyrambes à la gloire du souverain fondateur ou du lieu.

Kaat Benahid • ☎ 05 24 44 18 93 • www.medersa-ben-youssef.com • Fermée pour restauration jusqu'en 2020.

❺ MUSÉE DE LA FEMME*

Le pari de ce petit musée privé ? Rendre hommage au rôle fondamental des femmes dans l'histoire culturelle, sociale et économique du pays à travers des expositions tournantes qui mettent en avant leurs multiples talents artistiques et l'extrême diversité de leurs activités.

19, rue Sidi Abdel Aziz, souk Jeld • ☎ 05 24 38 11 29 • www.museedelafemme.ma • T.l.j. 9h30-18h30 • Entrée : 30 Dh.

❻ FONTAINE CHROB OU CHOUF*

Rescapée des ouvrages mis en œuvre sous le règne du sultan

Musée du Parfum

saadien Ahmed el-Mansour à la fin du XVIe s., cette fontaine publique est aussi l'une des rares à être toujours en activité (évitez cependant d'en boire l'eau). Plus petite que ses consœurs de la place Mouassine ou de Bab Doukkala, elle n'en est pas moins couronnée d'un superbe ouvrage de bois ciselé et de tuiles vernissées. Son nom lui vient d'une inscription ornant son beau linteau de cèdre, qui invite le passant à boire *(chrob)* et regarder *(chouf)*, la contemplation étant partie intégrante de la philosophie de l'Islam.

Diour Sabioune • Accès libre.

❼ MUSÉE DU PARFUM★★

Pour une immersion totale dans l'univers olfactif du pays, poussez la porte de ce superbe riad du XIXe s. et laissez-vous guider par vos sens. Chaque salle lève le voile sur un aspect particulier de l'art de la parfumerie : matières premières, distillation, composition, mise en flacon..., tout en insistant sur le rôle des parfums dans la culture marocaine. Un voyage sensoriel et ludique qui peut s'achever en apothéose par la création de votre propre parfum !

2, derb Chérif, Diour Saboune
• ☎ 06 61 09 53 52 ou 06 10 40 80 96
• www.lemuseeduparfum.com
• T.l.j. 9h-17h30 • Entrée : 40 Dh.

❽ ORIENTALIST MUSEUM★★★

Aux XVIIIe et XIXe s., une véritable fascination pour l'Orient déferle sur l'Europe. Les artistes n'ont plus d'yeux que pour cet ailleurs auréolé de mystère et de sensualité. Quel meilleur écrin qu'un riad arabo-andalou du XVIIe s. pour présenter la riche collection d'œuvres orientalistes réunie à Marrakech par le fondateur du MACMA (voir p. 70) ? Parmi les nombreux artistes exposés, des noms célèbres comme ceux d'Eugène Delacroix, Raoul Dufy, Salvador Dalí, Jacques Majorelle, Edy Legrand, Léopold Stevens et tant d'autres encore. Une visite qui enchantera les amateurs de peinture !

Kaat Bennahid, 5, derb el-Khamsi

• ☎ 05 24 44 73 79 • T.l.j. 9h-17h30
• Entrée : 60 Dh ; possibilité de billet combiné avec le MACMA : 100 Dh.

❾ MAISON DE LA PHOTOGRAPHIE***

Si vous aimez les photographies anciennes, vous serez heureux de découvrir les trésors de cette collection qui rassemble 3 500 clichés du Maroc des années 1870 à 1950. Exposés par thèmes, ils font de cette maison un lieu de mémoire émouvant. Au dernier étage, diffusion de documentaires couleur « Paysages et visages du Haut Atlas » réalisés en 1957. Le plus : la terrasse, où l'on peut siroter un verre ou déjeuner sur le pouce (voir p. 104).

46, rue souk Ahl Fès
• ☎ 05 24 38 57 21
• www.maisondelaphotographie.ma
• T.l.j. 9h30-19h • Entrée : 40 Dh.

❿ QUARTIER DES TANNEURS**

Relégué depuis toujours aux confins de la ville en raison de l'odeur nauséabonde qui s'en dégage, le quartier des tanneurs est protégé par Bab el-Debbagh, une porte défensive formée de cinq coudes successifs. Les brins de menthe proposés par les enfants du quartier vous aideront à supporter les forts effluves. Utilisant des méthodes ancestrales, les tanneurs, jambes nues, piétinent les peaux qui passent de cuve en cuve pour subir toutes les étapes nécessaires à leur transformation.

Orientalist Museum

5 Les souks et le MUSÉE BOUCHAROUITE

● Restos & bistrots p. 105 ● Boutiques p. 152

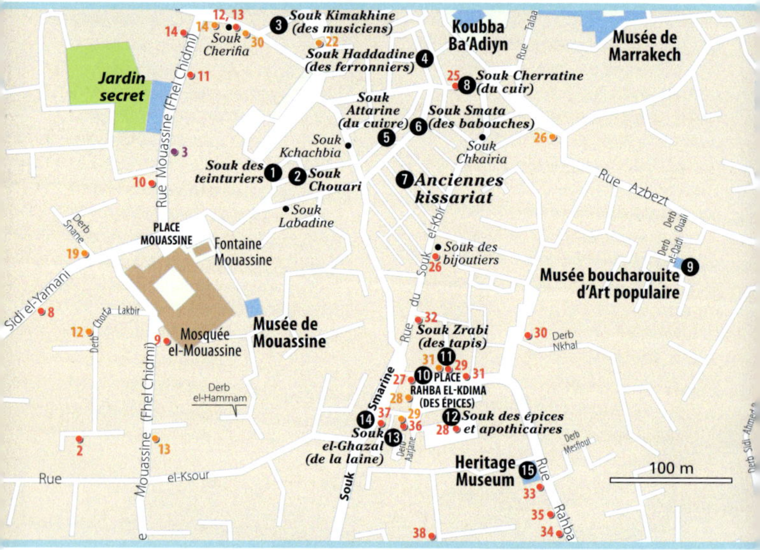

Difficile, pour ne pas dire impossible, de proposer un parcours cohérent au milieu de ce dédale inextricable où les différents souks ont de plus en plus tendance à s'entremêler. Il ne faut donc pas hésiter à s'engager au gré de son inspiration dans les ruelles les plus reculées et à demander son chemin au fur et à mesure. Pénétrer dans les souks par Bab el-Ksour plutôt que par la place Jemaa el-Fna permet d'éviter la foule.

❶ SOUK DES TEINTURIERS★★★

Levez les yeux, car le spectacle ici est suspendu entre ciel et terre où, accrochés à toutes sortes de tiges et de crochets, pendent des écheveaux de laine multicolores. Certaines teintes sont encore obtenues grâce à des pigments naturels (amande sauvage, grenade, indigo, coquelicot...), d'autres proviennent de colorants chimiques. Mais le charme des lieux n'en fait pas moins le bonheur des photographes !

❷ SOUK CHOUARI*

Royaume des menuisiers, des ébénistes et des vanniers, ce souk plus calme embaume la cire d'abeille. Les vanniers y fabriquent avec une dextérité étonnante des couffins tressés, des *chouari* (paniers doubles que portent les ânes), des corbeilles et des panières. Les tourneurs de bois, non moins habiles, sculptent, liment et rabotent le thuya, le cèdre, le noyer ou le citronnier pour en faire des coffres, des boîtes, des échiquiers, des moucharabiehs ainsi que différents meubles.

Pause relaxation à la Terrasse des Épices

Des alcôves réparties autour d'une immense terrasse aux couleurs chaudes, une vue qui englobe la Koutoubia et les cimes de l'Atlas, une atmosphère décontractée qui devient féerique à la tombée du jour : voilà l'endroit idéal pour boire un verre, siroter un thé (15 Dh) ou se restaurer de spécialités marocaines ou méditerranéennes après avoir écumé les rayons du souk Cherifia, situé juste en dessous. Les gourmands ne manqueront pas d'essayer la pastilla au chocolat... aussi croquante que fondante !

● 30 • 15, souk Cherifia, Sidi Abdelaziz • ☎ 05 24 37 59 04 • www.terrassedesepices.com • T.l.j. 12h-22h.

❸ SOUK KIMAKHINE**

Revenez sur vos pas pour traverser le souk des teinturiers et poursuivre jusqu'au souk des musiciens. Bien qu'il rétrécisse comme peau de chagrin au fil des ans, il a conservé quelques échoppes d'où se dégagent des effluves de bois musqués. On y assiste médusé à la naissance de luths, de *guembri*, de tambourins qui, sous les mains habiles des artisans, émergent progressivement des blocs de bois brut.

❹ SOUK HADDADINE***

C'est guidé par le tintamarre assourdissant des forgerons que l'on atteint les venelles étroites du souk des ferronniers. Cet immense dépôt de ferrailles est l'un des endroits les plus insolites de la ville. Au milieu des étincelles crachées par les fers à souder, une armée d'artisans façonne à même le sol des objets utilitaires tels que grilles, lanternes et théières, ainsi qu'une multitude de bibelots étranges.

❺ SOUK DU CUIVRE**

Véritable caverne d'Ali Baba brillant de mille feux, le petit souk du cuivre, coincé entre l'ancien souk Attarine, où étaient vendues les épices, et celui des babouches, est assez difficile à trouver. Les dinandiers y martèlent sans relâche les feuilles de métal jaune ou rouge, confectionnant plateaux, théières, couverts, brocs et cuvettes, ciselés au burin ou décorés au poinçon.

❻ SOUK SMATA**

C'est ici que fut tournée la scène du film *Oasis* d'Yves Allégret, où Michèle Morgan et Pierre Brasseur choisissent une paire de babouches... Le choix est difficile entre les innombrables modèles empilés dans les échoppes qui bordent la ruelle. Sachez que pour environ 130 Dh, vous devriez pouvoir vous offrir des babouches de bonne qualité.

❼ ANCIENNES *KISSARIAT**

Ces galeries aux plafonds de cèdre, éclairées par des lanterneaux et fermées par de lourdes portes en bois, sont parmi les mieux conservées du pays. On y entreposait autrefois les étoffes les plus précieuses. Aujourd'hui malheureusement, des tissus quelconques ont remplacé les somptueux brocarts qu'on y trouvait.

❽ SOUK CHERRATINE*

Sacs, bourses et autres besaces de toutes formes, tailles et couleurs s'empilent dans cette grande artère peu éclairée. Environ 200 Dh suffisent pour acquérir une bourse en cuir souple de 50 cm. Les amateurs de porte-monnaie, de porte-documents (les célèbres maroquins) et autres accessoires se rendront plutôt dans la rue du Souk el-Kbir.

❾ MUSÉE BOUCHAROUITE D'ART POPULAIRE***

Dans ce superbe riad du XIXe s., l'imaginaire prend le pas sur la réalité. Derrière sa lourde porte, on se laisse entraîner dans un monde poétique, fantaisiste et symbolique, fait de couleurs et de matières lumineuses.

Les tapis de la honte

Enfants pauvres des tapis ruraux, les *boucharouites* doivent leur apparition, dans les années 1960, à la diffusion du prêt-à-porter dans les villages reculés du pays. Fabriqués grâce à des lanières de tissus découpées dans le linge usé de la famille, ces tapis reflètent la sensibilité et l'univers secret des femmes berbères qui les fabriquent. Symboles d'indigence, ils étaient dissimulés aux regards extérieurs, ce qui explique qu'ils soient restés en marge du marché des collectionneurs jusqu'au tout début des années 2000.

Musée boucharouite

Des alèses d'éveil

Le format restreint des *zindekt*, ces petits tapis utilisés pour coucher les bébés, se justifie par le support original sur lequel ils sont réalisés : des sacs de farine en matière synthétique ! Outre son avantage économique, cette trame gratuite qui ne nécessite pas l'utilisation d'un métier à tisser permet aux femmes de recourir à la broderie, qui offre une plus grande liberté d'expression artistique que le tissage.

Un symbolisme coloré

Les modèles exposés ici, sélectionnés pour leur singularité, sont tous des pièces uniques qui révèlent d'entières tranches de vie qu'il faut apprendre à déchiffrer. Les losanges symbolisent la fécondation, les yeux protègent des mauvais sorts, les zigzags représentent la communauté ou la rivière, le bleu incarne l'amour... Difficile de ne pas rapprocher ces symphonies de couleurs et de formes des œuvres de Klimt, Kandinsky, Klee, Rothko, Mondrian... et de ne pas y trouver un élément de réponse à la question de l'universalité de l'art.

Azbezt, 107, derb el-Qadi • ☎ 05 24 38 38 87 • Lun.-sam. 9h30-18h ; f. en août • Entrée : 40 Dh.

⑩ PLACE RAHBA EL-KDIMA★★★

Ancien marché aux grains, cette place, aussi connue sous le nom de place des Épices, est l'un des endroits les plus charmants des souks. Elle est envahie de peaux de bêtes, d'écheveaux de laine de toutes les couleurs, d'ustensiles de cuisine, de marchands de légumes et de volailles. C'est là qu'attendent, assises sur de minuscules tabourets de plastique, les *hennaya* qui, pour 40 à 75 Dh, exécutent à la demande et en quelques minutes de splendides entrelacs de henné sur vos mains ou vos pieds.

⓫ SOUK ZRABI★★

Fascinant pour ses couleurs qui chatoient au soleil, ce souk généralement calme, dont le nom signifie tout simplement « tapis », s'emplit chaque jour vers 16h des cris et des gesticulations des vendeurs et acheteurs. C'est la criée berbère, vente aux enchères très animée à laquelle tout un chacun peut participer à condition de parler l'arabe. Cette séance « shopping dans les souks » réclamera patience et sagacité... car le meilleur côtoie le pire.

⓬ SOUK DES APOTHICAIRES★★★

Installé sur le côté droit de la place Rahba el-Kdima et dans les ruelles attenantes, il regorge de plantes médicinales, de poudres odorantes et colorées, de racines enchevêtrées, d'animaux séchés, de peaux de léopard et autres curiosités qui témoignent de la vitalité des pratiques ancestrales. Les apothicaires, qui sont souvent aussi marchands d'épices, se feront une joie de vous révéler les propriétés

Souk Zrabi

Pause aromatique au Café des Épices

Ce café convivial, l'un des pionniers du genre en médina, joue la carte de la simplicité avec ses murs grossièrement badigeonnés, ses tables en bois, ses tabourets en paille et son sol en ciment peint. On s'y sent presque à la maison, et les prix sont en adéquation avec l'esprit des lieux. Pour accompagner les assiettes de pâtisseries marocaines (50 Dh), des thés (15 Dh) et cafés aux épices (18 Dh) dont les effluves embaument. Sandwichs (à partir de 50 Dh), salades (60 Dh) et tagines (65 Dh) complètent le menu. Cerises sur le gâteau : la terrasse qui domine la place et le Wifi gratuit.

● 31 • 75, Rahba el-Kdima • ☎ 05 24 39 17 70 • www.cafedesepices.ma • T.l.j. 9h-21h30.

curatives, cosmétiques ou magiques de chaque plante ou substance qu'ils vendent, Ils vous proposeront toutes sortes de talismans, d'amulettes et de philtres d'amour.

⓭ SOUK EL-GHAZAL*

Cette minuscule placette coincée entre le souk des apothicaires et le souk Smarine abrita le marché aux esclaves jusqu'au début du protectorat. Peu de touristes s'y aventurent. Pourtant, l'endroit vaut vraiment le coup d'œil. Au milieu des écheveaux de laine brute suspendus ou entassés à même le sol, des femmes assises sur de petits tabourets de paille disparaissent littéralement derrière des monticules d'habits et de tissus usagés qu'elles revendent pour des prix dérisoires. Un des rares endroits des souks pas encore dénaturé.

⓮ SOUK SMARINE*

Artère principale des souks, il regroupe de nombreux bazaristes et vendeurs de vêtements dont les produits ont peu d'intérêt. On y trouve cependant des tailleurs traditionnels qui vendent des pièces de tissu dans lesquelles ils confectionnent des djellabas et des gandouras.

⓯ HERITAGE MUSEUM*

C'est une histoire de famille et de passion qui a permis la transformation de ce riad mauresque du XVIIe s. en musée du Patrimoine. À l'intérieur, une foultitude d'objets traditionnels anciens évoque les différents aspects de la vie quotidienne des populations arabes, berbères et juives du pays : tapis, costumes, bijoux, poteries, broderies, poignards...

25, rue Rahba • ☎ 05 24 39 02 80 • Mar.-dim. 9h- 18h • Entrée : 30 Dh • Café-restaurant sur la terrasse du toit.

Comprendre les souks

Important carrefour caravanier depuis sa fondation, Marrakech a très vite développé sa vocation commerciale et artisanale. Son souk actuel, qui date de sa création, compte parmi les plus grands du pays. Loin d'avoir été supplanté par la multiplication des boutiques modernes, il témoigne de la prospérité de la cité. Épicerie géante, halles de la ville, marché aux puces, immense droguerie, caverne d'Ali Baba, le souk est toujours envahi par une foule en perpétuelle agitation.

UN FOUILLIS ORGANISÉ

Lieu d'approvisionnement et de rencontre hebdomadaire en zone rurale, **le souk est permanent dans les grandes villes.** Généralement situé en médina, il s'en distingue pourtant car personne n'y habite. Dédale inextricable de ruelles et d'impasses sinueuses bordées de boutiques sombres, son agencement obéit pourtant à une structure bien établie. Les corporations sont regroupées par quartiers portant le nom de leur activité. Cette répartition initialement très hiérarchisée - les corps de métiers les plus estimés se trouvaient au centre - et extrêmement bien délimitée a tendance à s'estomper de plus en plus. Aux abords des souks se trouvent les anciens fondouks, qui servaient d'auberge aux marchands de passage.

Marchandage

Le marchandage est courant au Maroc. Il est même institutionnalisé. Les prix annoncés tiennent compte de cette habitude et sont gonflés au maximum. Il est donc préférable de se faire une idée des prix dans les centres d'artisanat qui sont des coopératives d'État. Patience, courtoisie et fermeté sont de mise pour mener à bien une négociation. Affecter l'indifférence est le plus sûr moyen de voir fléchir les revendications du marchand.

L'ÉVEIL DES SENS

Le souk de Marrakech est une véritable institution. Les habitants de la ville s'y rendent bien sûr pour acheter l'essentiel des denrées quotidiennes, mais aussi juste pour s'y promener. On s'y donne rendez-vous pour échanger des nouvelles de la famille et des affaires, et pour goûter un peu à la fraîcheur procurée par les nattes de roseaux qui lui servent de toit. Les ruelles du souk sont chargées de bruits, d'odeurs et de couleurs. Teintes chatoyantes des étoffes et des poteries, grincement des scies et des rabots des menuisiers, tintamarre assourdissant du quartier des ferronniers, arômes des différentes épices, parfums des nombreuses essences de bois, effluves de cuir, autant de sensations en perspective.

Souk des épices

COMMERÇANTS OU ARTISANS ?

Les premiers, rassemblés au centre du souk dans les allées couvertes, tenteront de vous attirer dans leurs échoppes. Au moindre signe d'intérêt de votre part, ils vous proposeront un thé à la menthe et déploieront des trésors d'ingéniosité pour vous vendre leur marchandise. Les artisans, qui occupent la périphérie du souk, absorbés par leur travail, ne prêtent que peu d'attention aux passants. Pas vraiment au courant des prix du marché, ils peuvent vous vendre des articles au double ou à la moitié de leur valeur.

LES HORAIRES

Tel un immense magasin, le souk **ouvre et ferme ses portes à heures fixes** (de 7h à 21h, sept jours sur sept). Inutile cependant de s'y rendre avant 9h car les échoppes sont encore closes. Attention également au vendredi à l'heure du déjeuner : beaucoup de commerçants se rendent à la prière de 13h et n'en reviennent que vers 15 ou 16h. Les artisans, de leur côté, sont souvent en repos toute la journée du vendredi.

LES GUIDES

Plus on s'éloigne de la place Jemaa el-Fna, plus l'atmosphère devient authentique. Il ne faut donc pas hésiter à se perdre dans le labyrinthe du souk. On peut d'ailleurs toujours retrouver son chemin en suivant le flux des passants qui, sur les artères principales, converge généralement vers la place Jemaa el-Fna. Cependant, il est possible d'avoir recours aux services d'un guide officiel (lui demander son autorisation), en sachant qu'il sera peut-être, lui aussi, tenté de vous conduire dans les magasins qui lui reversent une commission (voir p. 182).

6 Autour de la rue RIAD ZITOUN EL-JDID

● Restos & bistrots p. 106 ● Boutiques p. 156

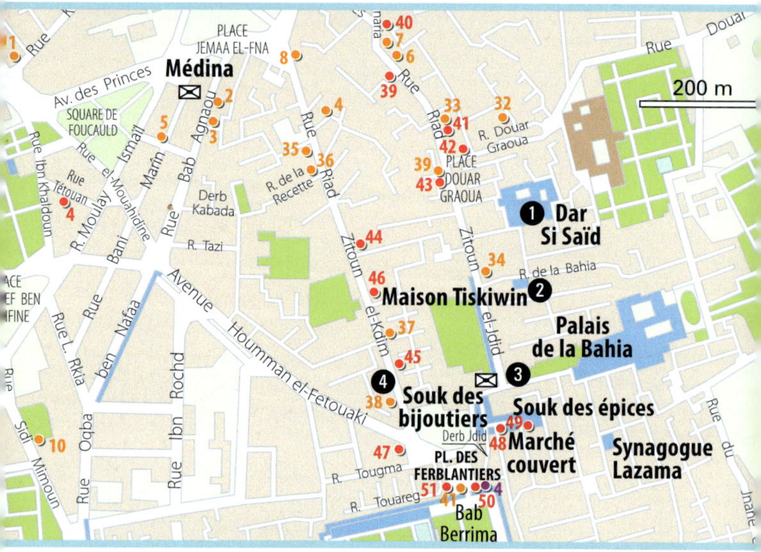

Reliant le palais de la Bahia à la place Jemaa el-Fna, cette rue étroite et animée est une des artères principales de la médina. Le quartier qu'elle traverse abritait jusqu'au début du siècle dernier les demeures des hauts fonctionnaires et des dignitaires du pays. Les portes des rues adjacentes cachent de véritables palais souvent laissés à l'abandon.

❶ DAR SI SAÏD★★★

Musée national du Tissage et du Tapis

Frère du grand vizir Ba Ahmed et ministre de la Guerre du sultan Moulay Abd el-Aziz, Si Saïd était un homme puissant. Les 2 800 m² de sa demeure en témoignent sans conteste ! La visite du musée vaut aujourd'hui autant pour l'extrême raffinement de sa décoration que pour la richesse de ses collections de tapis et d'étoffes.

Cuir tissé du Sahara

Spécialisé dans le tannage des peaux de chèvres, de dromadaires, de moutons mais aussi d'antilopes et de gazelles, les populations sahariennes ont mis au point des techniques de tissage de cuir pour confectionner toutes sortes d'objets du quotidien : nattes et tentures murales, coussins, paniers...

Les tapis du Moyen Atlas

Fabriqués sur des métiers à tisser verticaux, ils présentent une infinie variété de combinaisons géométriques. Certains, comme les Marmoucha, dont vous verrez un magnifique exemplaire de plus de 4 m de long, montrent même des représentations humaines stylisées. Réputés pour leur grande résistance, ces tapis servent souvent de matelas et de couverture.

Dar Si Saïd

Les tapis citadins

Vous les reconnaîtrez au premier coup d'œil à leurs compositions florales très élaborées. Ils sont exclusivement fabriqués par des hommes sur des métiers à tisser horizontaux. Ne manquez pas celui de la région Chiadma (fin XVIIIe s.), considéré comme le plus vieil exemplaire connu.

Les *handira*

Grandes capes rectangulaires de laine tissée, brodée et souvent semée d'une multitude de paillettes miroitantes, les *handira* font partie intégrante de la culture berbère. Offertes en cadeau de mariage, elles sont un signe identitaire très fort, chaque tribu ayant recours à des motifs et des couleurs particuliers.

Les brocarts

Les brocarts marocains sont réputés depuis le XIVe s. Ces étoffes de soie rehaussées de fils et de broderies d'or et d'argent furent particulièrement prisées des élites européennes au début du XXe s. Elles servaient en particulier à confectionner des ceintures portées lors des cérémonies.

Derb el-Bahia • ☎ 05 24 38 95 64 • T.l.j. sf mar. 9h-18h • Entrée : 20 Dh, ou 30 Dh en cas d'exposition temporaire.

Pause vitaminée au Déjeuner à Marrakech

Le toit-terrasse de ce petit restaurant niché sur une charmante placette est l'endroit idéal pour avaler sur le pouce un sandwich oriental au poulet (75 Dh), une salade de légumes glacés (75 Dh), une glace à la fleur d'oranger (40 Dh), ou pour déguster un déjeuner ou un dîner plus copieux. Les plats d'inspiration franco-marocaine allient simplicité et délicatesse et les portions sont généreuses.

● 39 • 2-4, pl. Douar Graoua, angle Riad Zitoun el-Jdid • ☎ 05 24 37 83 87 • www.undejeuneramarrakech.com • T.l.j. 11h-22h.

❷ MAISON TISKIWIN**

Musée de l'Art afro-berbère
Signalée par un simple petit panneau en fer forgé (n'hésitez pas à frapper si la porte est close), cette ancienne demeure fut restaurée et transformée en musée par le collectionneur hollandais Bert Flint, un passionné de culture saharienne installé au Maroc depuis les années 1950. Sa formidable collection privée vous fera voyager sur les pistes caravanières qui reliaient Marrakech à Tombouctou et toucher du doigt la vitalité de la culture matérielle des populations de la diaspora saharienne.

8, rue de la Bahia • T.l.j. 9h-12h30 et 14h30-18h (en théorie) • Entrée : 30 Dh.

❸ PALAIS DE LA BAHIA***

Baptisé du nom de la favorite (« la Belle », « la Brillante ») et édifié à la fin du XIXᵉ s. par le grand vizir Sidi Moussa, puis par son fils Ba Ahmed, lui-même grand vizir des sultans Moulay el-Hassan et Moulay Abd el-Aziz, le palais compte parmi les mieux conservés de la ville.

Une architecture chaotique

L'édification du palais, loin de suivre un plan d'ensemble, s'adapta aux acquisitions successives des maisons alentour. Il en résulte un formidable dédale de couloirs, d'escaliers et de jardins, ainsi qu'une succession désordonnée d'appartements bâtis sur une surface globale de près de 8 ha. La construction de plain-pied des 150 pièces qui constituent le palais – à l'exception du *minzeh*, appartement aménagé à l'étage –, est due à l'obésité invalidante du maître des lieux.

Palais de la Bahia

Un charme intime et fastueux

Points forts de la visite : les appartements de la favorite et ceux des quatre épouses légitimes, les patios fleuris réservés aux femmes et aux 24 concubines, la salle du Conseil, tapissée de faïences de Tétouan et coiffée d'un plafond de cèdre enluminé, et la cour d'honneur, dallée de marbre et entourée d'une galerie de colonnes peintes. Le charme et le luxe du palais n'avaient pas manqué de séduire le général Lyautey, qui s'y était établi.

Rue Riad Zitoun el-Jdid
☎ 05 24 38 91 79
• www.palais-bahia.com
• T.l.j. 9h-16h45 • Entrée : 70 Dh.

❹ LE PNEU DANS TOUS SES ÉTATS*

Depuis l'ouverture d'une première échoppe de recyclage artisanal de pneus et de chambres à air au bout de l'artère Riad Zitoun el-Kdim, l'idée a fait son chemin et la boutique des petits ! Ouvrez donc l'œil en arpentant cette portion du rue : vous y découvrirez des besaces, paniers, pochettes et récipients de toutes sortes estampillés Michelin, mais aussi de curieux chapeaux, bijoux fantaisie ou encadrements de miroirs tout à fait originaux.

7 Le Mellah et la place DES FERBLANTIERS

● Restos & bistrots p. 108 ● Bars, clubs & sorties p. 129 ● Boutiques p. 159

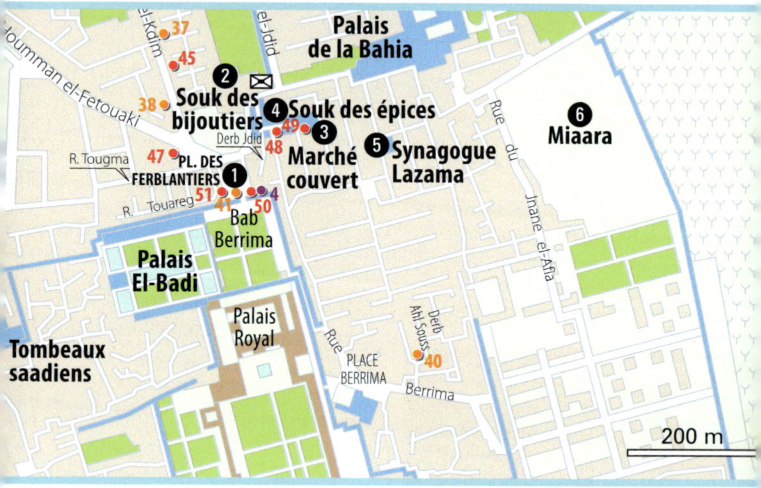

Construit sur 18 ha en 1558 par le sultan saadien Moulay Abdallah pour regrouper l'ensemble de la population juive de Marrakech, le Mellah, qui a donné son nom à tous les quartiers juifs des autres villes, s'étend au sud du palais de la Bahia. Bien qu'une importante communauté juive y soit toujours établie, de nombreux musulmans s'y sont aujourd'hui installés.

1 PLACE DES FERBLANTIERS**

Cette sympathique petite place carrée n'a pas son équivalent dans toute la médina. Il ne reste que très peu des nombreuses échoppes de ferblantiers qui la bordaient sur ses quatre côtés et faisaient le bonheur des amateurs de pop art. On y trouve encore quelques objets recyclés : fer-blanc sculpté en forme d'animaux, de véhicules, de monuments, récupération de ferrailles en tout genre, boîtes de conserve, morceaux de gouttières, mais aussi objets utilitaires tels que bougeoirs, lanternes, arrosoirs…

❷ SOUK DES BIJOUTIERS*

Situé en face de l'entrée du marché couvert, de l'autre côté de la rue Riad Zitoun el-Jdid, le souk des bijoutiers rassemble une cinquantaine de commerçants autour de deux patios rectangulaires. Autrefois plaque tournante du trafic d'or et de bijoux berbères, il est désormais soumis à un contrôle assez strict. On y trouve aujourd'hui surtout des bijoux en or travaillé 18 carats (320-450 Dh/g, selon le travail et le cours du précieux métal). L'argent est aussi vendu au poids (9-20 Dh/g), mais il ne faut plus espérer dénicher des bijoux berbères anciens.

• T.l.j. sf ven. 9h-19h (de nombreuses échoppes ferment à l'heure du déjeuner).

❸ MARCHÉ COUVERT*

On y accède par une entrée en chicane au début de la rue Riad Zitoun el-Jdid. La galerie principale abrite les marchands de vêtements, de tissus, de chaussures. Quelques boutiques de verroteries proposent un choix de perles multicolores ou de colliers à des prix défiant toute concurrence.

• T.l.j. 8h-20h (certains commerçants ferment à l'heure du déjeuner).

❹ SOUK DES ÉPICES**

Les plantes aromatiques vendues par les marchands d'épices,

Place des Ferblantiers

Pause saveurs locales sur la place des Ferblantiers

Dès la fin de la matinée, un fumet alléchant se répand dans l'air, attirant irrésistiblement les promeneurs qui convergent sans s'en rendre compte vers les restaurants en plein air bordant le côté ouest de la place. Pour environ 50 Dh, on y mange, sur de petites tables bancales, de délicieux tagines qui mijotent doucement sur des braseros en fer dans leur plat de terre cuite au couvercle pointu. En guise de dessert, on goûtera aux « cocos », des micromeringues aux couleurs vives vendues à 10 Dh la centaine (!), dans les rues reculées du Mellah.

● 41

regroupés dans la deuxième ruelle à droite de la galerie principale du marché couvert, embaument l'air de senteurs à la fois suaves et piquantes. Ces boutiques surchargées, à la clientèle presque exclusivement féminine, proposent un assortiment de plantes séchées, de poudres et d'onguents à usages multiples. La pierre d'alun est un excellent après-rasage, la pierre ponce *(hajara)* adoucit la peau des pieds, le *souak*, écorce de noyer, rosit les gencives et blanchit les dents, l'argile blanche purifie le visage, les blocs d'ambre, de musc ou de jasmin parfument divinement la peau.

Souk des épices

Miaara

❺ SYNAGOGUE LAZAMA★★

Au cœur du quartier d'habitation se cache la synagogue construite par les juifs expulsés d'Espagne *(El-Azma)* en 1492. C'est l'une des deux rescapées des 35 synagogues qui existaient au XIXe s. dans la ville. Vous y découvrirez un ravissant patio, où menuiseries, peintures et zelliges se déclinent en bleu et blanc, la salle de classe où les enfants du quartier venaient apprendre la Thora et la sobre salle de prière avec ses rangées bien alignées de fauteuils.

Derb Talmud Thora, accès par la rue Imam el-Ghazali • Dim.-jeu. 9h-19h, ven. 9h-17h • Entrée : 10 Dh • Photographies interdites pendant les célébrations.

❻ MIAARA★★

Une visite du Mellah ne saurait s'achever sans une déambulation silencieuse entre les tombes blanchies à la chaux du cimetière juif de Marrakech. Fondé en 1537, il est le plus grand du pays et rappelle l'importance passée de la communauté juive. Malgré sa taille, trois couches de sépultures se superposent. Remarquez les petites niches dans les tumulus : elles servent à déposer des chandelles. À droite de l'entrée, les tombes bleutées sont celles des Cohanim ou « dévoués », des membres du clergé destinés au service du temple et astreints à des règles particulières.

Av. Taoulat el-Miara • Dim.-jeu. 9h-17h • Entrée : 10 Dh • Les hommes se verront prêter une kippa.

8 La kasbah et les TOMBEAUX SAADIENS

● Restos & bistrots p. 109

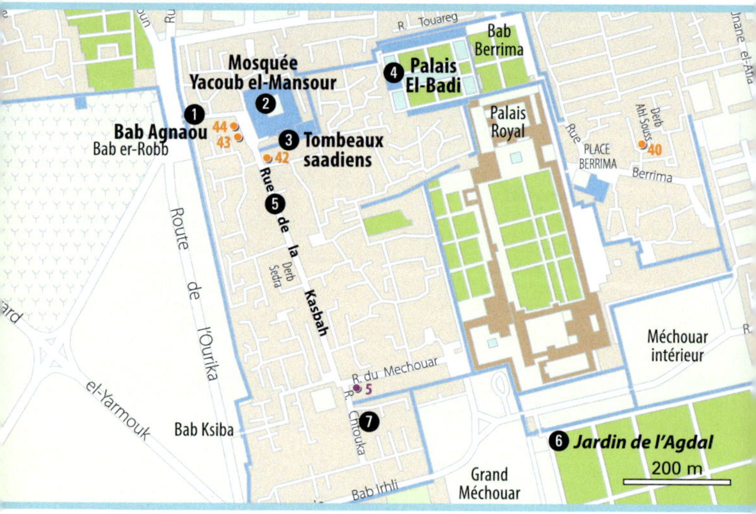

Ce quartier fortifié, bâti par le souverain almohade Yacoub el-Mansour à l'emplacement de la kasbah almoravide qu'il trouvait trop exiguë, est toujours entouré de ses hautes murailles. C'est là que le Palais royal fut édifié au XVIIIe s., perpétuant ainsi son statut de quartier royal.

❶ BAB AGNAOU★★★

Véritable chef-d'œuvre de l'art almohade, cette imposante porte de pierre, sculptée en grès gris-bleu du Guéliz et que le sable du désert a teintée d'ocre rouge, fut longtemps l'accès principal de la kasbah royale, régulièrement empruntée par Yacoub el-Mansour. Son aspect imposant dégageait une impression de force et inspirait crainte et respect aux voyageurs.

Une porte dissuasive

Elle était autrefois flanquée de deux tours abritant un corps de garde. Leur disparition lui a valu le surnom de « porte du bélier sans cornes ». Sa vocation défensive n'était en réalité qu'apparente : la véritable fonction de protection de la kasbah était dévolue à la porte voisine, Bab er-Robb, dotée de trois coudes consécutifs.

Un rôle décoratif

Plus large que haute, elle est un modèle de superposition d'arcs tous différents : un arc en plein cintre à claveaux saillants, un arc outrepassé, ornementé d'entrelacs gravés dans la pierre, et un arc brisé très sobre. À admirer absolument, la richesse de l'ornementation florale des écoinçons et la frise calligraphique qui encadre la porte.

Les fourches patibulaires

Tout comme la place Jemaa el-Fna, Bab Agnaou servait de gibet. De nombreux textes et récits anciens relatent qu'on y exposait en guise d'avertissement les corps et les têtes des suppliciés.

❷ MOSQUÉE YACOUB EL-MANSOUR*

Unique survivante de la kasbah almohade, la mosquée el-Yazid est plus connue sous le nom de son bâtisseur Yacoub el-Mansour. Son minaret, orné d'un réseau d'entrelacs en losanges sur fond émaillé vert émeraude et couronné d'une frise de zelliges, resta longtemps le prototype de la plupart des mosquées du Maroc.

Bab Agnaou

Presque entièrement détruite au XVIe s., elle fut restaurée et rebaptisée « mosquée aux Pommes d'or » en raison de la légende qui voudrait que les boules ornant son lanternon aient été réalisées comme celles de la Koutoubia avec les bijoux en or d'une épouse fautive de Yacoub el-Mansour. Si vous êtes dans le quartier au moment de l'appel à la prière, postez-vous dans un coin de la place pour assister au défilé des commerçants du quartier qui abandonnent leur échoppe pour se rendre à la mosquée. Le vendredi, l'entrée se fait par les grandes portes latérales.
Entrée interdite aux non-musulmans.

❸ TOMBEAUX SAADIENS★★★

Les tombeaux saadiens ont été construits par Ahmed le Doré à l'emplacement de la koubba qui abritait déjà les tombes de son père, Moulay Abdallah, et de son grand-père, fondateur de la dynastie, ainsi que la dépouille du sultan mérinide Abou el-Hassan. Ils sont les derniers témoins de la grandeur de cette dynastie et un magnifique exemple d'art arabo-andalou.

Un lieu sacré

Lorsqu'en 1654 le sultan alaouite Moulay Ismaïl ordonne la démolition de tous les palais et édifices évoquant la grandeur des Saadiens, il épargne les

Tombeaux saadiens

tombeaux. Les détruire serait un sacrilège et il se contente d'en faire murer l'accès. Il faudra attendre 1917 pour que leur existence soit révélée au public.

La salle du mihrab

Divisée en trois nefs et trois travées par quatre colonnes de marbre blanc, cette première salle était à l'origine destinée à la prière et au recueillement. Le mihrab, niche de prière, orné de stalactites en stuc, indique la direction de La Mecque. Une vingtaine de sultans alaouites et certains membres de leurs familles y furent finalement inhumés. Les tombes ne sont la plupart du temps signalées que par de simples carreaux de faïence et, conformément aux préceptes coraniques, ne comportent aucun nom.

La salle des douze colonnes

C'est la plus somptueuse de toutes. Construite sur un plan carré de 10 m de côté, elle abrite en son centre les tombes relativement modestes du sultan Ahmed le Doré et de certains de ses descendants. Douze colonnes en marbre de Carrare soutiennent la coupole en bois de cèdre sculptée et rehaussée de feuilles d'or.

La salle des trois niches

Dans la salle des douze colonnes, deux portes latérales permettent d'accéder à cette salle destinée à abriter les tombes des enfants.

Le mausolée de Lalla Messaouda

Accolé au mur de la mosquée, au cœur du jardin où sont dispersées les tombes des nombreuses épouses légitimes du sultan et de quelques fidèles serviteurs ayant eu l'honneur d'être inhumés auprès de leurs souverains, ce mausolée renferme la tombe de la très vénérée mère d'Ahmed le Doré.

www.tombeaux-saadiens.com
• T.l.j. 9h-16h45 (15h pendant le ramadan), f. ven. 12h-15h
• Entrée : 70 Dh.

❹ PALAIS EL-BADI « L'INCOMPARABLE »★★★

En 1578, quelques mois après sa victoire éclatante contre les Portugais à la bataille des Trois Rois, le Saadien Ahmed el-Mansour entreprit la construction d'un palais qui devait surpasser en taille et en faste tout ce qui avait jamais été édifié par les dynasties précédentes.

« L'Incomparable »

Nommé de l'un des 99 noms de Dieu, ce palais destiné à des fêtes d'exception ne comptait pas moins de 360 pièces ordonnées autour d'une immense cour centrale où trônait un bassin de 90 m de long sur 20 m de large. Une vingtaine de coupoles rivalisant de taille et de richesse dominaient les jardins fleuris. La forte influence andalouse laisse supposer la présence d'un architecte originaire de Grenade.

Un travail d'orfèvre

Venue de tout le pays et même d'Europe, une armée d'artisans travaillait jour et nuit contre un salaire en or qui, selon la légende, équivalait au poids des particules de plâtre, de bois et de bronze qui tombaient de leurs outils. Des matériaux précieux importés d'Italie, d'Espagne, de France et même des Indes servirent à son édification. Le marbre de Carrare aurait été acheté contre un poids équivalent en sucre.

Un destin fatal

Conformément à la sombre prédiction du bouffon d'El-Mansour selon laquelle le palais « ferait un gros tas de pierres lorsqu'il serait

détruit », les sultans alaouites le réduisirent à néant. Moulay Ismaïl acheva sa démolition dix années plus tard, en ayant soin de récupérer les matériaux précieux pour embellir ses palais de Meknès. Outre les hauts murs d'enceinte, la cour centrale et son bassin, il ne reste plus que les ruines d'un pavillon où est exposé un *minbar* (chaire) du XIIe s. en bois de cèdre incrusté d'ivoire.

Des occupants surprenants

Chaque année, après la période de migration, de nombreuses cigognes viennent s'installer ici pour y faire leur nid. Vous les trouverez nichées sur les ruines de l'édifice. Levez les yeux pour apercevoir ces majestueux oiseaux.

www.palais-el-badi.com • T.l.j. 9h-16h45 (15h pendant le ramadan) • Entrée : 70 Dh.

❺ RUE DE LA KASBAH*

Une promenade le long de cette artère qui commence au pied de la mosquée el-Mansour et dans les derbs alentour est impérative pour s'imprégner de la véritable atmosphère de ce quartier d'habitations. Plus vous avancerez vers le sud, moins vous rencontrerez de touristes. Malgré quelques commerces qui leur sont désormais destinés, dont un supermarché géant de l'artisanat (à éviter), les magasins traditionnels sont encore légion : épiceries, salons de coiffure, quincailleries...

❻ JARDIN DE L'AGDAL*

Au sud du méchouar el-Barani ou méchouar intérieur, vaste esplanade bordant le Palais royal et conçue à l'origine pour les cérémonies d'allégeance, s'étend le jardin de l'Agdal. Protégé par de hauts murs de pisé, cet immense verger planté de grenadiers, d'abricotiers, de figuiers, d'orangers et surtout d'oliviers fut créé au XIIe s. par les Almohades grâce au réseau d'irrigation souterrain initié par leurs prédécesseurs, les Almoravides. Au bord de l'un des bassins rempli de carpes géantes, autrefois réservoir d'eau de la ville, se dressent encore les ruines de Dar el-Hana, un ancien palais où les sultans venaient fuir la chaleur de l'été.

Ven. et dim. seulement 9h-18h • Entrée libre • Mieux vaut s'y rendre en taxi.

Pause multiculturelle au Café Clock

Entièrement dédié aux arts, à la musique, à la bonne chère et au brassage des cultures, ce café est un lieu unique dans la Ville rouge. On y vient à toute heure prendre son petit déjeuner (40 Dh avec œufs et crêpes), boire un thé à la menthe (15 Dh) ou un lait chaud aux amandes caramélisées (20 Dh), manger des tapas marocaines (65 Dh), dans une atmosphère chaleureuse et décontractée. Et pourquoi ne pas assister à un concert de musique classique arabe (ven. à 19h; gratuit), vibrer au rythme des Houariyat (sam. à 18h) ou des *gnaouas* (dim. à 17h; 30 Dh) ou encore découvrir les charmes des *hikayat* (lun. à 19h; gratuit), ces contes traditionnels racontés en arabe et en anglais ?

● 5 • 224, derb Chtouka • ☎ 05 24 37 83 67 • www.cafeclock.com • T.l.j. 9h-22h.

9 Le Guéliz et la création CONTEMPORAINE

● Restos & bistrots p. 111 ● Bars, clubs & sorties p. 129 ● Boutiques p. 160

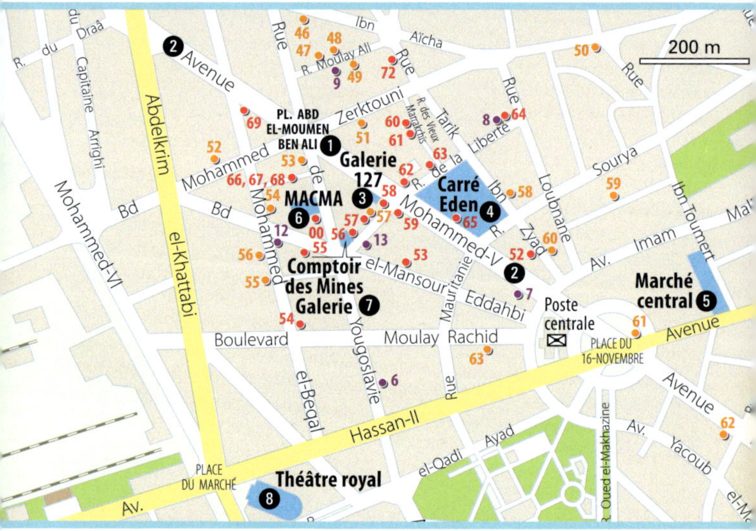

Dessinée par l'architecte Henri Prost à la demande du général Lyautey, cette ville nouvelle, bâtie sous le protectorat pour abriter les familles européennes, doit son nom au jebel voisin qui a fourni le grès dont elle est faite. La modernité du Guéliz contraste fortement avec la médina. C'est à la fois un quartier résidentiel et commercial, et un quartier d'affaires dont les larges avenues plantées d'orangers et de jacarandas sont aujourd'hui bordées d'immeubles.

❶ PLACE ABD EL-MOUMEN BEN ALI*

Les cafés qui occupent trois de ses quatre angles, et qui drainent quotidiennement une grande partie de la population active du quartier, lui ont valu son surnom de « place des Cafés ». Du haut de la très belle terrasse du **Café**

de la Renaissance, une vue panoramique permet de bien comprendre l'agencement de la ville. Le **Café des Négociants** qui lui fait face est une très bonne halte pour un petit déjeuner.

❷ AVENUE MOHAMMED-V*

Tracée dans l'axe de la Koutoubia, cette artère longue de 3 km relie la médina à la ville nouvelle. Les sièges des banques, les agences de voyages, les compagnies aériennes, les administrations et les magasins modernes s'y concentrent. La poste centrale, bel exemple d'architecture de la période du protectorat, trône sur la place du 16-Novembre.

Avenue Mohammed-V

De l'autre côté de l'avenue Mohammed-V, le Marrakech Plaza est une vaste esplanade dallée de marbre, ornée d'une fontaine et bordée de magasins de luxe.

❸ GALERIE 127**

Établie dans un immeuble Art déco, cette galerie s'est, depuis sa création en 2006, spécialisée dans la photographie. On y découvrira, dans un vaste espace aux lignes contemporaines, sous 4 m de hauteur sous plafond, le travail d'artistes internationaux et marocains dont les œuvres ont comme point commun une référence au Maroc.

127, av. Mohammed-V, 2e étage • ☎ 05 24 43 26 67 ou 06 61 33 99 53 • www.galerie127.com • Mar.-sam. 15h-19h • Entrée libre.

❹ CARRÉ EDEN*

Premier grand centre commercial en plein cœur de la ville, ce *mall* ouvert en 2014 a pris la place de l'ancien marché central du Guéliz. Sur trois niveaux se répartissent de nombreux magasins, un *food court* et un supermarché au rayon alcool bien fourni. Parmi les boutiques, faites un petit tour chez Marwa, une chaine marocaine de prêt-à-porter à tout petit prix, chez Moroccan Touch pour sa ligne de vêtements fluides ou chez Diamantine, une enseigne où s'offrir une djellaba, une gandoura ou un caftan brodé à prix modéré.

166-176, av. Mohammed-V

Pause conviviale au Kechmara

Résolument *fashion*, le restaurant Kechmara (« Marrakech » en verlan) est vite devenu un lieu incontournable pour boire un café, une bière ou un cocktail accompagné de pâtisseries, d'une salade (80 Dh), d'un burger (110 Dh) ou de *fish & chips* (110 Dh). L'ambiance animée et conviviale, la décoration sixties où le blanc règne en maître, et la cuisine internationale tendance méditerranéenne et bon marché expliquent l'engouement des Marrakchis pour cet endroit où l'on vient aussi prendre un verre au bar ou sur la terrasse dominant les toits du Guéliz. Le plus, les soirées musicales vinyles des mercredis (20h).

● 13 • 3, rue de la Liberté • ☎ 05 24 42 25 32 • www.kechmara.com • T.l.j. 11h30-1h.

• ☎ 05 24 43 72 46
• www.carreedenshoppingcenter.com
• Supermarché : t.l.j. 9h-23h ; magasins : t.l.j. 10h-22h, jusqu'à 23h ven.-sam. ; *food court* : t.l.j. 10h-23h, jusqu'à minuit ven.-sam.

❺ MARCHÉ CENTRAL*

Moins grand et moins joli que son prédécesseur, fermé en 2006 pour laisser la place au Carré Eden, le nouveau marché central a conservé, parallèlement aux étals de denrées alimentaires, quelques échoppes de créations artisanales, de cosmétiques naturels et même de produits gastronomiques tels que le miel, les confitures maison… ou l'huile d'argan.

Le long de la rue Ibn Toumert (derrière la pl. du 16-Novembre) • T.l.j. 8h-19h.

❻ MACMA***

Il aura fallu peu de temps pour que ce musée privé devienne un incontournable de la Ville rouge, où les amateurs d'art ont le plaisir

de découvrir les grandes figures de la peinture marocaine moderne (Hassan el-Glaoui, Farid Belkahia, Chaïbia Talal, Ahmed Cherkaoui, Mohamed Kacimi...). L'espace aux lignes épurées, conçu pour une parfaite mise en valeur des œuvres, se veut à la fois un hommage aux pionniers de l'art contemporain marocain et une source d'inspiration pour les nouvelles générations. Une belle réussite !
61, rue de Yougoslavie, passage Ghandouri • ☎ 05 24 44 73 79 • www.museemacma.com • Lun.-sam. 9h-19h • Entrée : 80 Dh ; billet combiné avec l'Orientalist Museum : 100 Dh.

❼ COMPTOIR DES MINES GALERIE***

Deux immeubles bâtis au début des années 1930 servent d'écrin à ce nouvel espace dédié à la création contemporaine. Vous y découvrirez non seulement le travail des étoiles montantes de la nouvelle scène artistique marocaine, mais aussi la patine Art déco des anciens appartements du Guéliz. Ne manquez pas, au deuxième étage, le résultat jubilatoire de la carte blanche laissée à Hassan Hajjaj : une galerie-boutique imaginée comme un véritable appartement, où l'artiste détourne à loisir les emblèmes de la société de consommation pour créer un univers hautement glamour !
62, rue de Yougoslavie, angle rue de la Liberté • ☎ 05 25 08 77 77, 05 25 08 78 78 ou 06 63 01 01 91 • www.comptoirdesminesgalerie.com • Lun. 15h-19h, mar.-sam. 10h-13h et 15h-19h • Entrée libre.

❽ THÉÂTRE ROYAL*

Œuvre de l'architecte Charles Boccara inaugurée en 2001 et motif de fierté pour la ville (puisqu'il n'a pas d'équivalent dans tout le Maroc), ce colossal opéra à l'italienne, dont le coût fut extrêmement critiqué, n'assume malheureusement pas vraiment ses fonctions originelles. Si vous n'avez pas la chance d'assister à l'un des rares spectacles qui s'y déroulent, vous pouvez toujours y pénétrer lors des expositions temporaires.
Angle av. Mohammed-VI et av. Hassan-II • ☎ 05 24 43 15 16 • T.l.j. 8h-18h.

Théâtre royal

10 L'Hivernage et le JARDIN DE LA MÉNARA

● Restos & bistrots p. 116 ● Bars, clubs & sorties p. 133 ● Boutiques p. 167

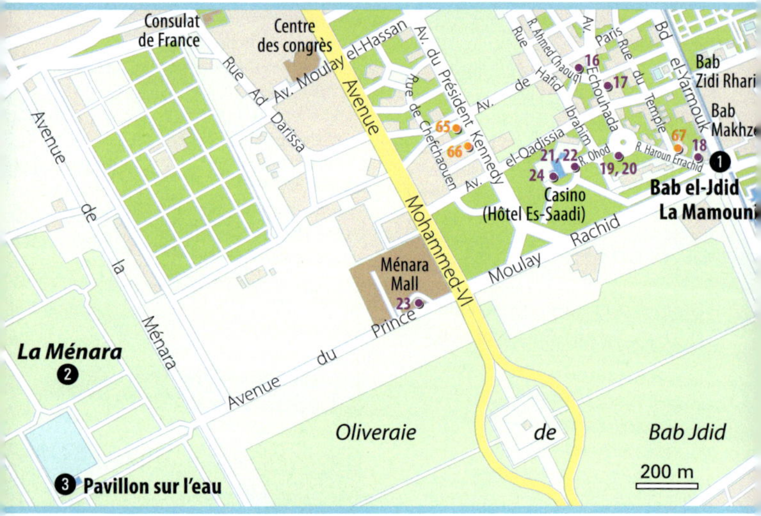

Conçu pour être un lieu de villégiature d'hiver propice à la flânerie, ce quartier résidentiel aux larges avenues interminables et à la végétation luxuriante s'est progressivement transformé en une sorte de Beverly Hills clinquante et insouciante : grands hôtels, résidences cossues, enseignes de luxe et clubs à la mode se disputent dorénavant le pavé.

❶ BAB EL-JDID*

Avec Bab Doukkala, Bab el-Jdid est l'une des issues (ou « portes ») les plus fréquentées pour pénétrer dans la médina. Les remparts crénelés les mieux conservés de la ville s'étendent à l'ouest de la porte : ils s'empourprent littéralement à la lumière du soleil couchant. D'un côté, les jardins de la Mamounia, de l'autre, le quartier verdoyant et huppé de l'Hivernage. Une immense oliveraie se déploie tout au long de l'avenue de la Ménara, jusqu'aux jardins du même nom (côté av. Mohammed-VI).

Pause luxueuse au Sky Lounge du Pearl Hotel

Une terrasse avec vue à 360° sur la médina, l'Atlas et les jardins de l'Agdal, des fauteuils-canapés où s'allonger tout en sirotant un cocktail coloré, un restaurant où combler petites ou grandes faims, une piscine perchée où l'on pourra faire trempette si l'on a dépensé au moins 500 Dh par personne (un repas complet + un cocktail) ou si l'on s'est acquitté d'un supplément de 400 Dh : voilà le secret de cette adresse où la détente, bien qu'ayant un prix, est garantie !

67 • Angle rue Haroun Errachid et rue du Temple • ☎ 05 24 42 42 42 • www.thepearlmarrakech.com • T.l.j. 11h-1h.

❷ LA MÉNARA★★

Au centre d'une oliveraie d'une centaine d'hectares, le bassin de la Ménara est depuis longtemps la promenade favorite des amoureux en fin d'après-midi. Probablement creusé par les Almohades au XIIe s. pour servir de bassin d'irrigation, il a malheureusement été dénaturé en 2003 par l'installation d'une scène amovible et de gradins sur son pourtour. D'autant que les spectacles de son et lumière qui y étaient organisés semblent définitivement suspendus...

À 3 km de Bab el-Jdid par l'av. du Prince Moulay Rachid • T.l.j. de 9h au coucher du soleil • Entrée gratuite.

❸ PAVILLON SUR L'EAU★★★

Rendez-vous galant des sultans, ce pavillon d'origine saadienne fut complètement transformé en 1866 sous le règne de Sidi Mohammed ben Abdallah. Sous son toit pyramidal recouvert de tuiles vertes, une large terrasse à balustrade domine le bassin. De nombreuses légendes circulent sur son passé. Moulay Ismaïl, dit-on, avait l'habitude de se débarrasser de ses conquêtes d'un soir en les précipitant au matin dans les eaux du bassin.

La Ménara • T.l.j. 9h-17h (15h pendant le ramadan) • Entrée : 20 Dh.

Pavillon sur l'eau

11 Le quartier Majorelle et LE SHOPPING BRANCHÉ

● Restos & bistrots p. 117 ● Boutiques p. 167

Rien ne prédestinait ce quartier un peu excentré du Guéliz à devenir l'un des principaux pôles d'attraction de la Ville rouge. Pourtant il en est aujourd'hui une étape obligée ! Au programme, flânerie poétique dans les allées ombragées du jardin Majorelle, éblouissement devant les créations ébouriffantes d'Yves Saint Laurent et, pour finir, séance shopping branché dans les concept stores et boutiques qui n'ont pas manqué de pousser alentour.

❶ JARDIN MAJORELLE***

Témoignage vivant d'un amour débordant tant pour la botanique que pour la lumière si particulière de Marrakech, le jardin Majorelle fut créé dans les années 1920 par le peintre français du même nom. Un conseil : arrivez tôt le matin pour éviter la foule des visiteurs.

L'homme

Venu en convalescence à Marrakech en 1919, Jacques Majorelle tomba sous le charme de la ville et y demeura jusqu'à sa

Jardin Majorelle

mort en 1962. Il avait trouvé au Maroc une source d'inspiration intarissable. Paysages, kasbahs et scènes de la vie quotidienne furent les thèmes favoris de ses gravures et aquarelles.

La naissance des jardins

En 1924, le peintre s'installe en bordure de la palmeraie de Marrakech et entame la conception de ces magnifiques jardins. Grand amateur de botanique, il y plante une multitude d'essences rares et dessine les bassins et seguias (canaux) dans lesquels se reflètent bougainvilliers, bananiers, bambous géants, yuccas... La couleur intense dont il peignit les murs de son atelier est célèbre sous le nom de « bleu Majorelle ».

Une seconde vie

Rachetés en 1980 par Yves Saint Laurent et Pierre Bergé, les jardins, longtemps abandonnés, retrouvèrent leur splendeur.
À la mort d'Yves Saint Laurent, ses cendres furent dispersées dans la roseraie de sa villa qui jouxte le jardin, où une stèle à sa mémoire rappelle la passion que lui inspiraient ces lieux. Une petite galerie abrite les cartes de vœux

Pause fraîcheur au MyKawa

Juché sur un tabouret de bar, calé dans un confortable fauteuil ou installé sous les brumisateurs de la terrasse, vous tomberez vite sous le charme de ce bistrot-pâtisserie où chaque plat est une caresse pour les yeux comme pour les papilles. Délices de salades marocaines, assiette de bricks, burger à l'orientale, poulet au citron, méchoui parmentier... tout y est délicieux, sans oublier les glaces et les macarons faits maison.

● 69 • Rue Yves Saint Laurent • ☎ 05 24 31 00 16 • www.16cafe.com • T.l.j. 8h-20h • Petit déjeuner : 35-90 Dh; salades : 75-90 Dh; plats : 80-100 Dh.

que le couturier réalisait chaque année sur le thème de l'amour.

Le Musée berbère

Dédiées à la culture berbère sous toutes ses formes, les collections de ce petit musée occupent l'ancien atelier du peintre. La scénographie soignée met remarquablement en valeur objets usuels, armes et costumes, mais surtout les parures de bijoux qui scintillent dans une salle obscure éclairée par une voûte étoilée.

Rue Yves Saint Laurent • ☎ 05 24 31 30 47 ou 06 61 75 90 58 • www. jardinmajorelle.com • Oct.-avr., t.l.j. 8h-17h30 ; mai-sept., t.l.j. 8h-18h (9h-17h pendant le ramadan) • Entrée : 70 Dh (jardin) et 30 Dh (Musée berbère) ; billet combiné avec le Musée berbère et le musée Yves Saint Laurent : 180 Dh.

❷ MUSÉE YVES SAINT LAURENT★★★

Alliance de courbes et de lignes droites recouvertes d'une dentelle de briques évoquant la trame d'un tissu, le bâtiment résolument contemporain du musée se veut une allégorie des créations du grand couturier. À l'intérieur, dans la superbe salle qui porte son nom, la magie opère : la cinquantaine de modèles (caban, smoking-short, saharienne, robe Mondrian, robe lamé or...) qui y est présentée retrace 40 années d'inspiration débridée.

Rue Yves Saint Laurent • ☎ 05 24 29 86 86 • www.museeyslmarrakech.com • T.l.j. sf mer. 10h-18h (17h pendant le ramadan) • Entrée : 100 Dh ; billet combiné avec le jardin Majorelle et le Musée berbère : 180 Dh • Café, librairie-boutique.

Musée Yves Saint Laurent

Quelques boutiques à ne pas manquer...

Spacieuses, lumineuses, superbement conçues, les boutiques établies autour du jardin Majorelle comptent parmi les plus belles vitrines de la création marocaine.

33 MAJORELLE

Pionnière des concept stores de la Ville rouge, cette vaste boutique pensée comme une succession de *corners* reste la référence absolue en matière de créativité. La tentation est à la hauteur de l'offre tout à la fois diversifiée et harmonieuse, ludique et enjôleuse, utile et décorative : objets design, linge de maison douillet, ligne de vêtements...

75 • 33, rue Yves Saint Laurent, face au jardin Majorelle • ☎ 05 24 31 41 95 • www.33ruemajorelle.com • T.l.j. 9h-19h.

33 Majorelle

MAROC'N ROLL

Nourrie de voyages et d'arts populaires, la créativité de Robert Merloz, un ancien d'Yves Saint Laurent, s'exprime ici dans toute sa splendeur : jeans brodés, blousons peints à la main, vestes découpées dans des caftans anciens, babouches et sacs en cuir cloutés... chaque pièce est unique !

76 • 6, rue Houdhoud • ☎ 05 24 30 49 06 • www.maroc-nroll.com • T.l.j. sf dim. 9h30-18h30.

LES SENS DE MARRAKECH

Crèmes, sérums, laits corporels, parfums, gommages... tous les produits de cette marque de cosmétiques naturels tirent leurs propriétés de la nature : fleur d'oranger, argan, aloe vera, beurre de karité, gingembre, pétales d'amandier, santal... À essayer absolument, l'huile Soin de l'eau à appliquer sous la douche pour une peau merveilleusement veloutée.

77 • 11, rue Yves Saint Laurent • ☎ 05 24 31 45 18 • www.lessensdemarrakech.fr • T.l.j. 9h30-18h30.

La palmeraie

Première oasis du Haut Atlas, la palmeraie de Marrakech couvre plus de 12 000 ha et compte environ 100 000 touffes de palmiers. Bien qu'assez clairsemée et trop construite par endroits, elle conserve sa féerie, surtout au coucher du soleil.

UNE HISTOIRE D'EAU

L'actuelle palmeraie serait née, selon la légende, des noyaux de dattes recrachés par les guerriers des camps almoravides à l'époque de la création de la ville. Elle est en vérité l'œuvre de **Youssef ben Tachfine,** fondateur de Marrakech, qui supervisa l'installation d'un ingénieux système d'irrigation selon des techniques venues de Perse. Des puits à ciel ouvert reliés entre eux par un immense réseau de canalisations souterraines (les *khettara*) permettent de capter et d'acheminer jusqu'à la surface les eaux de récupération et celles de la nappe phréatique.

UN PÉRIL PERMANENT

Les sécheresses, la propagation de maladies, la prolifération d'insectes nuisibles, les programmes de construction envahissants sont autant de menaces qui pèsent en permanence sur la palmeraie. Pour tenter d'enrayer ce fatal engrenage, la Fondation Mohammed-VI pour l'Environnement

Musée de la Palmeraie

Espace de rencontres et d'échanges consacré à la création contemporaine du Maroc, ce musée occupe d'anciens bâtiments agricoles. Avec ses deux jardins, l'un sec et planté de cactus, l'autre humide et traversé par un long bassin bordé d'orangers, il mérite vraiment le détour. Outre les expositions temporaires, on pourra y découvrir le travail d'une cinquantaine d'artistes marocains (Hassan el-Glaoui, Farid Belkahia, Mahi Binebine, Abdelmalik Berhiss, Mohamed Melehi...) dont les œuvres forment la collection permanente. Convaincu de la nécessité de créer un lien entre le musée et son environnement immédiat, son fondateur, le célèbre parfumeur Abderrazzak Benchaâbane, a aussi souhaité y organiser des ateliers d'arts plastiques et de soutien scolaire pour les enfants des douars alentour.

Dar Tounsi, route de Fès, en face du supermarché Atacadão • ☎ 06 61 09 53 52 • www.benchaabane.com/musee_palmeraie • T.l.j. 9h-17h30 • Entrée : 40 Dh.

a lancé en 2007 un important plan de sauvegarde qui a déjà abouti à l'arrachage de 15 000 palmiers morts ou malades, au creusement de nombreux nouveaux puits dont certains équipés de panneaux solaires photovoltaïques, et à la plantation de 500 000 nouveaux palmiers.

L'ARBRE PROVIDENTIEL

Rien ne se perd, tout se transforme. Le palmier est exploité de multiples façons. Le bois de son tronc sert à creuser des gouttières (qui deviendront entre autres des canaux d'irrigation) et à façonner les poutres qui soutiennent les toits recouverts de palmes. Ses palmes étroitement liées sont aussi utilisées comme coupe-vent pour protéger les cultures, ou sont employées pour la confection de nattes et de corbeilles en tout genre que l'on retrouve dans les souks. Tous les résidus sont transformés en combustible.

DES DATTES EN PAGAILLE

Baies à la chair très riche en sucre et de grande valeur nutritive, les dattes sont récoltées par les hommes, qui grimpent en haut du tronc pour couper les régimes. Les nombreuses variétés de dattes sont ensuite vendues en vrac ou en branches sur les marchés. Leur forme plus ou moins oblongue, leur taille de 1 à 4 cm, leur couleur de l'orange au brun foncé et leur onctuosité changent en fonction de leur variété. Les *m'jhoul* originaires de la région de Zagora sont parmi les meilleures.

BALADE POÉTIQUE

Les kilomètres de murs aveugles protégeant les hôtels et villas implantés dans la palmeraie ont considérablement limité la beauté de sa traversée par la route. Pour en goûter le véritable charme, le mieux est aujourd'hui de s'offrir une promenade à cheval ou à dos de dromadaire. De préférence au coucher du soleil. Les circuits incluent la plupart du temps la découverte de villages et le passage d'oueds asséchés. Les accros du moteur peuvent aussi recourir à des balades en quad ou en buggy. Voici quelques organismes auxquels vous adresser : **Dunes & Désert** (☎ 05 29 80 46 42 ou 06 61 53 96 39, www.dunesdeserts.com), **Civitatis** (www.civitatis.com), **Kech Buggy** (☎ 06 01 77 77 60, www.kechbuggy.com) et **Maroc Quad Passion** (☎ 06 41 94 60 53 ou 06 61 69 59 69, www.marocquadpassion.com).

12 Incursion en PAYS BERBÈRE

● Restos & bistrots p. 117 ● Boutiques p. 168

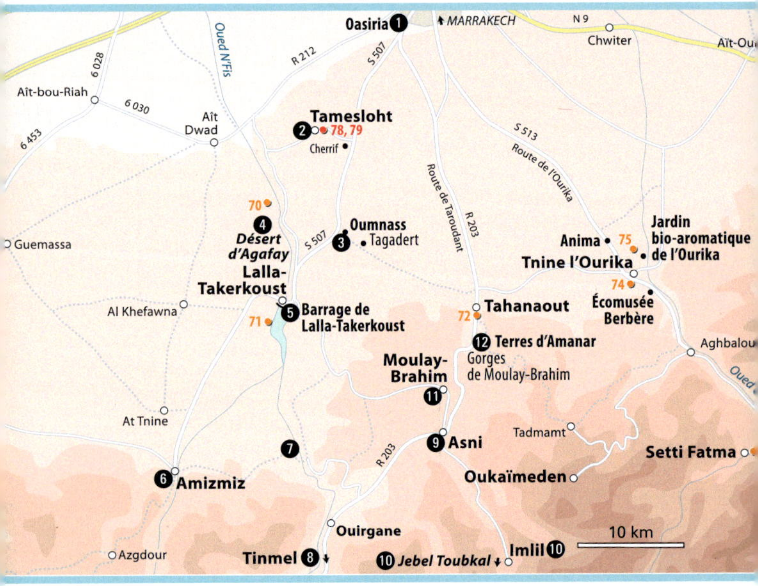

Des kasbahs accrochées à des pitons rocheux, des villages de terre rouge se détachant sur les pentes arides ou verdoyantes des montagnes, des silhouettes de femmes enveloppées dans des tissus aux couleurs vives, les crêtes enneigées du Toubkal... Bref, un dépaysement garanti aux portes de Marrakech.

❶ OASIRIA★

Implanté sur une dizaine d'hectares paysagers, ce parc d'attractions aquatique fera le bonheur des petits et des grands tout au long de l'année. Piscine à vagues de plus de 1 m de haut, toboggans multipistes ou kamikazes, *río* tranquille à parcourir sur une bouée, seau renversant pour douche revigorante, bateau de

Comment y aller ?

Avec un véhicule, cette excursion en plein pays berbère est réalisable dans la journée... à condition de partir tôt. Si vous prenez les transports en commun, il faudra choisir entre la route d'Amizmiz et celle d'Ouirgane, les cars ne faisant pas la liaison entre les deux villes. Les cars à destination d'Ouirgane (au minimum deux départs par jour, vers 8h et vers 14h) font halte à Asni. Ils partent de la gare routière (Plan D2) de Marrakech, située près de Bab Doukkala. Les bus 24, 35 et 45 de la compagnie Alsa relient respectivement les villes de Tamesloht, Tahanaout et Amizmiz depuis le terminal de la rue Sidi Mimoun. Le 45 s'arrête aussi au barrage de Lalla-Takerkoust. Le bus 41 (Alsa) relie Amizmiz à Tahanaout. Pour plus de souplesse, il est aussi possible de louer la totalité d'un grand taxi qui vous mènera où vous voulez (départ rue Obqa ben Nafaa, près du terminus de Sidi Mimoun).

pirates pour les plus jeunes, piscine chauffée et couverte en hiver, boutique, snack-bars et restaurants garantissent tout à la fois détente et sensations fortes.

Km 4, route d'Amizmiz • Navettes gratuites à partir de fin mars devant la poste centrale du Guéliz (Plan B2) ou la Koutoubia • ☎ 05 24 38 04 38 • www.oasiria.com • T.l.j. 10h-18h • Entrée adulte (plus de 1,50 m) : 230 Dh ; enfant : 140 Dh.

❷ TAMESLOHT*

La kasbah Chérif, très abîmée, marque la bifurcation pour Tamesloht (à 16 km de Marrakech), une commune rurale de près de 20 000 habitants que vous atteindrez quelques kilomètres plus loin. De sa fondation au XVIe s. par le chérif Abdallah ben Hossein, « l'homme aux 366 sciences », la ville a conservé une magnifique kasbah et une *zaouia* près de laquelle se déroule en janvier un important *moussem* (fête) religieux toujours fréquenté par des confréries de Gnaouas. De nombreux ateliers de poterie et de tissage sont disséminés dans la ville, mais il faut un guide pour les

Tamesloht

découvrir car rien ne les signale de l'extérieur. Chaque vendredi, à l'occasion du **souk hebdomadaire,** les étals des commerçants envahissent la grande place près de la poste et les ruelles de la vieille ville : un spectacle authentique où les touristes sont rares.

❸ OUMNASS★★

Cette magnifique kasbah (piste de 1 km sur la gauche de la route, juste après la station service), plantée au sommet d'une colline, appartient toujours aux descendants de la famille qui l'avait fait construire au début du XIXe s. Elle sert régulièrement de décor à des tournages de films *(La Dernière Tentation du Christ, Marrakech Express, L'Enfant lion, Ali Baba...).* Le dernier en date, *Waiting for the Barbarians,* a été l'occasion d'un important lifting. En dehors des tournages, le gardien sera ravi de vous faire les honneurs du lieu moyennant une petite contribution en vous guidant dans ce dédale de patios et de voûtes. De la terrasse, vue imprenable sur la vallée et un superbe riad.

❹ DÉSERT D'AGAFAY★★★

Cette vaste étendue d'ondulations arides, bien que située aux portes de Marrakech, est encore relativement préservée du tourisme. Dans ce paysage lunaire et pierreux, qui offre des panoramas magnifiques sur fond

Désert d'Agafay

Pause les pieds dans l'eau au Relais du Lac ou au Flouka

Ces deux restaurants installés côte à côte sur la rive du lac du barrage de Lalla-Takerkoust offrent un cadre idéal pour une halte rafraîchissante et reposante. Le premier propose une cuisine franco-marocaine, le second plus internationale. Leurs points communs, la vue magnifique sur le lac, les délicieuses grillades et le petit verre de rosé bien frais qui les accompagne. Comptez environ 250 Dh pour un repas complet, vin exclu.

● 71 Relais du Lac : ☎ 05 24 48 49 43 • Menu *mixed grill* : 210 Dh. Le Flouka : ☎ 06 64 49 26 60 • leflouka-marrakech.com • Menu *beldi* : 180 Dh • Chambres, suites et appartements de 60 à 140 € la nuit. Possibilité de transfert pour clients non motorisés : Taxi Abdelhaq au ☎ 06 62 84 00 94 ; 210 Dh l'aller simple • Taxi Abdelatif au ☎ 06 66 17 27 84 ; 400 Dh la demi-journée.

de cimes enneigées, quelques villages isolés se fondent dans la couleur ambiante. Dans un repli de terrain, un îlot de verdure baptisé « l'Oasis enchantée » surgit soudainement. Une somptueuse balade réalisable à cheval, en quad, en buggy ou en 4 x 4.

Les Cavaliers de l'Atlas : ☎ 06 72 84 55 79 ou 06 61 15 76 20 • www.lescavaliersdelatlas.com
Marrakech Quad Evasion : ☎ 06 73 33 22 67ou 06 54 82 28 07 • www.marrakech-quad-evasion.com
Maroc Quad Passion : ☎ 06 41 94 60 53 ou 06 61 69 59 69 • www.marocquadpassion.com
Raid Buggy : ☎ 06 61 55 23 78 ou 06 61 29 93 37 • www.raidbuggy.com

❺ BARRAGE DE LALLA-TAKERKOUST★★★

Inattendue dans ce paysage plutôt aride à la terre rougeoyante… une étendue d'eau douce aux reflets bleutés longue de 7 km ! Une escapade dominicale pour les Marrakchis avertis en quête de fraîcheur et amateurs de sports nautiques. La baignade est interdite, mais vous pourrez vous offrir une sortie en jet-ski (300 Dh les 15 min, plus 100 Dh pour le passager) ou un tour de *wakeboard* ou de ski nautique (600 Dh les 15 min).

Jet Atlas • ☎ 06 76 17 99 78 • www.jet-atlas.com

❻ AMIZMIZ★

Aux confins de la plaine du Haouz, à 1 000 m d'altitude, au milieu des oliviers et dominée par les ruines d'une ancienne kasbah, surgit la petite ville d'Amizmiz (15 000 habitants). En haut de la colline, dans le village de potiers de Regraga, les plats à tagine, les bols, les assiettes et autres ustensiles utilitaires sèchent au soleil, attendant la cuisson. La production locale est vendue sur place au souk hebdomadaire du mardi.

7 SUR LA ROUTE D'OUIRGANE***

Des villages de terre totalement préservés s'accrochent aux flancs de la montagne tout au long de la route par endroits très défoncée et qui, par temps de pluie, devient impraticable. Un magnifique paysage à la rudesse envoûtante. On rejoint la route d'Asni quelques kilomètres avant Ouirgane.

8 TINMEL***

Au-delà d'Ouirgane, en longeant la vallée étroite creusée par l'oued N'Fis, on parvient au bout de 35 km au village isolé de Tinmel. On ne regrettera pas d'avoir pris le temps de s'y rendre. Sur ce site historique, foyer spirituel d'Ibn Toumert, le fondateur de la dynastie almohade, se dresse une magnifique mosquée datant du XIIe s. Son architecture d'une grande pureté de lignes, ses rangées d'arcades en brique de terre ocre, ses nefs aujourd'hui à ciel ouvert, sont un enchantement.
T.l.j., en théorie de 9h à 1h avant le coucher du soleil • Entrée libre, offrande indispensable.

9 ASNI*

Lové au pied du jebel Toubkal, le village d'Asni est perché à 1 200 m d'altitude. Le souk du samedi constitue son principal attrait. Les paysans des environs y vendent ou y troquent leurs poteries et toutes sortes de bibelots touristiques. Le **souk** le plus animé est celui du mardi à **Tahanaout,** à une vingtaine de kilomètres au nord, sur la route de Marrakech.

Souk de Tahanaout

10 IMLIL ET JEBEL TOUBKAL***

À moins de 20 km au sud d'Asni, 1100 m d'altitude plus haut, on atteint le charmant village d'Imlil, principale porte d'accès du massif du Toubkal, très apprécié des randonneurs. Avec ses 4 167 m d'altitude, il est le point culminant non seulement de l'Atlas, mais, aussi de toute l'Afrique du Nord. Les grimpeurs organiseront une ascension en s'assurant les services d'un guide de montagne, tandis que les moins sportifs se contenteront d'une promenade le long de l'oued jusqu'au village d'Aremd (comptez 2h aller-retour) pour respirer l'air pur de la région et aller déguster un tagine sur la terrasse ombragée de l'hôtel Kasbah du Toubkal.

Bureau des guides d'Imlil, à gauche à l'entrée du village • ☎ 05 24 48 56 26 • www.bureaudesguidesimlil.com • 500 Dh la journée.

⓫ MOULAY-BRAHIM★★

Un crochet d'à peine 5 km à la sortie d'Asni vous mènera jusqu'à ce petit village aux ruelles tortueuses envahies de vendeurs de souvenirs. Ce haut lieu de pèlerinage est encore très fréquenté par les femmes stériles, qui accrochent de petits rubans aux arbres en espérant devenir mères lorsqu'ils s'en détacheront. Le village est aussi réputé pour son *moussem* (voir p. 19), qui a lieu chaque année une dizaine de jours avant la fête du Mouloud. En rejoignant la route de Marrakech, vous traverserez les belles gorges de Moulay-Brahim, creusées à flanc de montagne par un oued aux reflets émeraude.

⓬ TERRES D'AMANAR★★

Sensations fortes garanties pour les intrépides, petits ou grands, qui aiment s'amuser en pleine nature. Adossé au parc naturel du Toubkal, ce vaste domaine s'est spécialisé dans les parcours aériens et les circuits dans les arbres. Tyroliennes, ponts suspendus et filets géants à escalader permettent de franchir des canyons de roche rouge et de passer d'arbre en arbre sans jamais mettre pied à terre.

Douar Akli, Tahanaout • ☎ 05 24 43 81 03 • www.lesterresdamanar.com • T.l.j. 9h-21h • Entrée : 160-230 Dh ; package journée (circuit aérien, 4 parcours accrobranche et piscine) : 420 Dh.

Pause artistique à Al Maqam

Dissimulée dans une oliveraie, au cœur d'un jardin luxuriant, cette résidence d'artistes ouvre ses portes aux visiteurs de passage. Ils peuvent y faire une pause déjeuner (100 Dh pour un menu à base de salade marocaine et de tagine préparés à la demande) sur une jolie terrasse, aller admirer les œuvres exposées dans la galerie, explorer les ateliers, flâner dans la librairie et le jardin. Une merveilleuse façon d'entrer en contact avec la création contemporaine marocaine.

● 72 • Douar Lamgassem, Tahanaout, Km 30, route de Taroudant • ☎ 05 24 48 40 02 ou 05 25 48 48 71 • T.l.j. 8h-18h • Déjeuner sur résa.

13 La vallée DE L'OURIKA

● Restos & bistrots p. 118

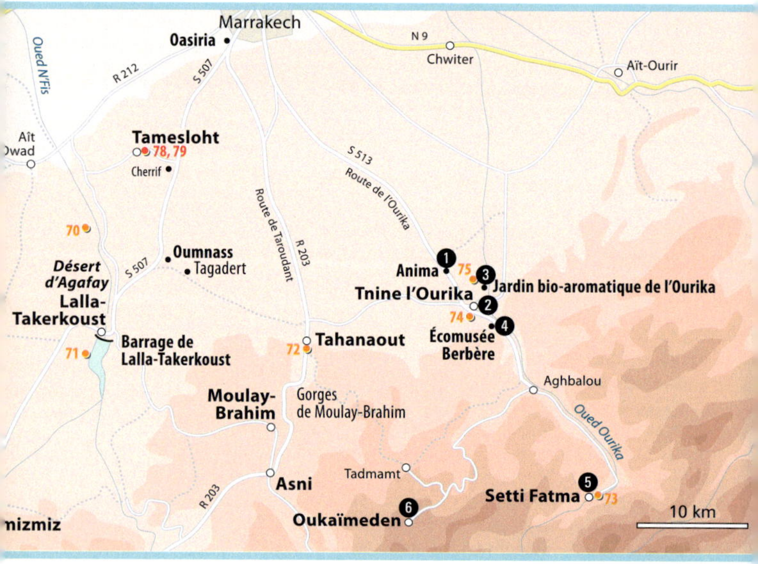

Depuis Marrakech, la route file droit à travers la plaine du Haouz jusqu'à rejoindre la verdoyante vallée de l'Ourika, où elle offre de superbes points de vue sur les sommets de l'Atlas. Ici, l'eau façonne le paysage et détermine le quotidien. Au flanc des montagnes, des villages berbères où le temps s'écoule selon des rythmes ancestraux, sur les berges de l'oued, sous les frondaisons des peupliers et saules pleureurs, jardins écologiques et cultures en terrasse bénéficient de la fraîcheur ambiante.

❶ ANIMA★★★

Créé ex nihilo par l'artiste autrichien André Heller pour servir de refuge et d'éden à l'âme (*anima* en latin), on arpente ce jardin onirique les sens en éveil, en se laissant guider par l'inspiration du moment, au gré d'une tâche de couleur, d'un bouquet de senteurs, d'un scintillement de mosaïque ou d'une sensation de fraîcheur ombragée. Semés de sculptures d'artistes connus (Picasso, Keith Haring...) ou de créations fantaisistes et toujours hautement symboliques, ces 2 ha luxuriants, où se côtoient des végétaux du monde entier, n'évoquent rien de moins que les chemins entremêlés de la vie.

Km 30, route de l'Ourika (P 2017), prendre piste à droite en suivant le panneau « Anima » • Navettes gratuites depuis Marrakech (résa sur le site) • ☎ 05 24 48 20 22 • www.anima-garden.com • T.l.j. : mai-oct. 9h-18h, nov.-avr. 9h-17h, jusqu'à 15h pendant le ramadan ; f. 4 jours pour l'Aïd el-Fitr et l'Aïd elKbir • Entrée : 120 Dh.

Anima

Comment y aller ?

En voiture, la route P 2017 vous conduit à Setti Fatma en 1h30 (65 km). Pour rejoindre l'Oukaïmeden (75 km), bifurquez à droite sur la route P 2030, quelques kilomètres après avoir dépassé l'embranchement pour Tnine l'Ourika. Si vous n'avez pas de voiture, les bus 25 de la compagnie Alsa relient le terminal de la rue Sidi Mimoun à Tnine l'Ourika puis des taxis collectifs vous emmènent à Setti Fatma. Aucun bus ne rejoignant l'Oukaïmeden, il faut vous y rendre en grand taxi depuis Marrakech (départ de la rue Ibn Rochd) ou depuis Tnine l'Ourika. Les excursions jusqu'à Setti Fatma ou l'Oukaïmeden sont réalisables dans la journée en profitant des différentes étapes, mais si vous souhaitez cumuler les deux, mieux vaut prévoir une nuit sur place.

❷ TNINE L'OURIKA***

Chaque lundi *(el-tnine)* dès l'aube, un cortège de camions, de charrettes, de triporteurs, d'ânes et de piétons venus de toute la région convergent vers ce gros bourg établi à une quarantaine de kilomètres de Marrakech sur les berges de l'oued Ourika. C'est le rendez-vous hebdomadaire du **souk**

rural le plus animé de la vallée. La promenade dans la foule entre les monticules de légumes, de fruits, d'épices, d'herbes séchées, de volaille, de vêtements, chaussures, vaisselle... n'a pas son pareil.

❸ JARDIN BIO-AROMATIQUE DE L'OURIKA*

Une petite route à gauche avant le pont de Tnine l'Ourika (direction Aït Ourir) mène à ce beau jardin où pousse tout ce que le Maroc compte de plantes médicinales et aromatiques. Une flânerie qui sollicite les sens et peut se terminer par un bain et un massage de pieds (80 Dh), un atelier de cuisine (300 Dh) ou de fabrication de pain (60 Dh) et même un déjeuner champêtre (sur résa 24h à l'avance ; environ 150 Dh le repas complet). En vente, la gamme cosmétique de la marque Nectarom.

Douar Elhaddad • ☎ 05 24 48 21 49 ou 06 50 96 36 61 • www.jardin-bioaromatique-ourika.com • T.l.j. 9h-17h (18h30 de juin à août) • Entrée : 20 Dh • Résa obligatoire pour les activités.

❹ ÉCOMUSÉE BERBÈRE**

En plein cœur du village de Tafza, dans l'ancienne demeure en terre crue du caïd de ces

Le Paradis du Safran

Ici « l'or rouge » règne en maître ! En novembre, les 2 ha qui lui sont réservés se transforment en un océan violet. Le reste du temps, on se prélasse sous des tonnelles fleuries, on butine les plantes aromatiques, on expérimente pieds nus un sentier sensoriel, on relaxe ses orteils dans des vasques d'eau parfumée avant de s'attabler pour un délicieux déjeuner sous le signe du... safran ! Un pur moment de bonheur !

● 75 • Douar Takateret ; au km 31 route de l'Ourika, tourner à gauche après un magasin de poterie et suivre une petite route sur 3 km • ☎ 06 28 79 69 79 • www.paradis-du-safran.com • T.l.j. sf mar. 11h-17h • Entrée : 100 Dh • Résa par téléphone fortement conseillée.

Vallée de l'Ourika

lieux, une intéressante collection d'objets du quotidien, d'outils de travail et de photographies met en lumière les différentes facettes de la culture locale. Un bon moyen, entre autres, pour percer les mystères des tatouages et des symboles berbères.

Tafza • ☎ 05 24 38 57 21
• www.museeberbere.com
• T.l.j. 9h30-19h • Entrée : 20 Dh.

❺ SETTI FATMA ET SES CASCADES**

En progressant vers Setti Fatma, dernier village de la vallée accessible par la route, les montagnes se font plus hautes, les paysages plus amples, le lit de l'oued plus encaissé. Le week-end, vous y côtoierez de nombreuses familles marrakchies venues prendre le frais, avaler un tagine sur les berges ou dans le lit même de l'oued et se dérouiller les jambes en grimpant jusqu'à la grande cascade (la deuxième) après avoir traversé un pont de bois branlant et suivi un sentier glissant qui se faufile entre les rochers. L'excursion des sept cascades nécessite un guide et près de 3h de marche.

❻ L'OUKAÏMEDEN*

Une superbe route en lacet conduit à cette station de ski (2 620 m) née à la fin des années 1940. Une vingtaine de pistes fait, de décembre à avril, le bonheur des amateurs de glisse. Le reste de l'année, la vedette est la randonnée ! Sur les traces des gravures rupestres préhistoriques ou sur les nombreux sentiers qui traversent ce haut plateau cerné de sommets dépassant les 3 200 m d'altitude. Possibilité de restauration sur place.

Les hammams

Invention romaine adoptée par l'Islam, les hammams sont les témoins d'une tradition séculaire toujours aussi vive. Des plus luxueux, en zelliges et tadelakt, aux plus modestes, en simples carreaux de faïence, il s'en dégage toujours une atmosphère feutrée et sensuelle. Une expérience à vivre absolument pour reprendre l'avion parfaitement détendu et avec une peau de satin.

UN RÔLE COMMUNAUTAIRE

Les hammams furent longtemps la seule sortie hebdomadaire autorisée aux femmes musulmanes. Ils permettaient entre autres aux mères d'étudier de près les jeunes filles à marier. Ils conservent un caractère convivial qui en fait aujourd'hui encore **un lieu de réunion et de distraction.** Les femmes, débarrassées de tout signe extérieur de reconnaissance sociale, s'y retrouvent, parfois même accompagnées d'enfants en bas âge.

UN DEVOIR RELIGIEUX

Bien que les hammams fassent office de salles de bains pour tous ceux qui en sont dépourvus, leur fonction première est de permettre aux musulmans de se conformer aux préceptes de l'islam et de **procéder aux**

Quel hammam choisir ?

Quelles que soient vos attentes, la vaste gamme des hammams de Marrakech devrait vous satisfaire. Les adresses ci-dessous sont classées de la plus luxueuse à la plus populaire.

Les bains de Marrakech : 2, derb Sedra, Bab Agnaou (Plan D-E4) • ☎ 05 24 38 14 28 • www.lesbainsdemarrakech.com • T.l.j. 9h-20h • 220-450 Dh ; formule couple pour bains et massages (en supplément).
Hammam de la Rose : 130, rue Dar el-Bacha (Plan D2) • ☎ 05 24 44 47 69 • T.l.j. 10h-20h • www.hammamdelarose.com • 250-450 Dh ; formule couple pour les massages (en supplément).
Hammam Mouassine : pl. Mouassine (Plan G7) • ☎ 06 50 44 42 85 • T.l.j. 5h-23h • Formule hammam, gommage et enveloppement de ghassoul : 150 Dh • Séparation hommes/femmes.
Hammam Ziani : 14, rue Riad Zitoun el-Jdid (Plan E3) • ☎ 06 62 71 55 71 • T.l.j. 8h-22h • Formule hammam, gommage et massage : 250 Dh • Séparation hommes/femmes.
Hammam Dar el-Bacha : 20, rue Fatima Zahra (Plan D3) • T.l.j. hommes 6h-13h et 20h-23h, femmes 13h-20h. • Entrée : 10 Dh ; gant : 15 Dh ; gommage : 40 Dh.

ablutions purificatrices obligatoires avant la prière. C'est pourquoi chaque agglomération, aussi petite soit-elle, possède son propre hammam, d'ailleurs très souvent situé aux abords de la mosquée.

PAS D'OSTENTATION

La présence d'un hammam n'est généralement **indiquée que par un simple panneau.** L'entrée carrelée donne le plus souvent sur un couloir sombre qui débouche sur la salle d'accueil. **La mixité n'y étant pas de mise,** il est bon de se renseigner sur les horaires. Les hammams les plus spacieux sont divisés en deux parties, l'une pour les femmes, l'autre pour les hommes, tandis que les plus petits pratiquent le partage du temps, la matinée étant par exemple réservée aux hommes, et l'après-midi aux femmes.

LE MATÉRIEL DE BASE

Un passage chez l'***attar,*** le marchand d'épices, est indispensable avant de se rendre au hammam traditionnel. On y achètera le ***saboun beldi,*** savon rustique, et le ***ghassoul,*** l'argile naturelle, qui, une fois mélangés, conjugueront leurs actions dégraissantes et adoucissantes. Ne pas oublier le fameux gant noir ***el-kiss*** qui sert à frotter la peau. Se munir d'une serviette-éponge n'est pas superflu car les hammams populaires n'en fournissent pas.

LA MARCHE À SUIVRE

Une fois entré, vous serez invité à vous déshabiller (on ne conserve qu'un slip) et à vous enrouler dans une sorte de pagne que la plupart des hammams mettent à disposition. **Trois salles en enfilade** permettent de s'habituer progressivement à la température de plus en plus élevée. Dans la dernière, chauffée à plus de 40 °C, se trouve la ***barma.*** Cette fontaine d'eau froide permet de s'asperger le corps après l'avoir enduit de savon et d'argile.

DOUCEUR ET VOLUPTÉ

La sudation terminée, vous vous abandonnerez aux mains des « frotteuses » qui, à l'aide du gant noir, débarrasseront votre épiderme de toute sa peau morte, lui redonnant ainsi le velouté d'une peau de bébé. Le **massage** (facultatif), bien qu'assez musclé, vous procurera une sensation de relaxation totale, avant de reprendre vos esprits dans la **salle de repos** en sirotant un verre de thé à la menthe.

Restos & bistrots

PAR QUARTIER

Les coups de cœur DE NOTRE AUTEUR

Cantines bio, tables gastronomiques, cuisine du monde... les coups de cœur de Nathalie rendent bien compte de la diversité des restaurants de la Ville rouge.

LA FAMILLE

C'est ma cantine préférée pour déjeuner entre copines sans craindre pour ma ligne, tout en me faisant vraiment plaisir ! Voir p. 107.

LE PETIT CORNICHON

J'y vais autant pour son atmosphère de bistrot parisien que pour sa cuisine délicate et originale. Voir p. 112.

LA SULTANA

L'adresse incontournable pour mes soirées romantiques dans une atmosphère des *Mille et Une Nuits*. Voir p. 109.

La Famille

Le Petit Cornichon

I LIMONI

Je suis totalement incapable de résister à l'appel des tagliatelles au citron de ce restaurant à chacun de mes séjours à Marrakech ! Voir p. 104.

LA TABLE AL BADIA

J'y emmène forcément mes amis de passage pour leur premier contact avec l'excellence de la cuisine marocaine. Voir p. 108.

À SAVOIR

LA TRADITION DE L'ABONDANCE

De nombreux restaurants marocains ont adopté la formule du menu fixe, qui implique tout à la fois un porte-monnaie bien garni (comptez entre 500 et 800 Dh) et un appétit féroce. Le dîner (ces restaurants sont fermés à midi) débute immanquablement par une farandole de salades et de briouats, se poursuit par un tagine de viande ou de poulet, lui-même suivi d'un couscous ! Si vous ne voulez pas déclarer forfait avant les oranges à la cannelle ou la pastilla au lait d'amande, résistez impérativement à la tentation de vous resservir de chaque plat.

TAXES ET POURBOIRES

Soyez vigilant car les prix affichés n'incluent pas toujours les 20 % de taxes et les 10 % de service. L'addition s'en trouve alors bien gonflée. Malgré cela, la pratique du pourboire est courante. À vous de juger du montant en fonction du pourcentage de service déjà inclus dans la note et, bien sûr, de votre satisfaction.

MANGER OU NE PAS MANGER ?

À Marrakech, il faut être prudent sans pour autant s'interdire les mille plaisirs gustatifs du quotidien. À commencer par les jus d'agrumes de la place Jemaa el-Fna, que seuls les estomacs délicats ne supporteront pas. Les autres pourront en user et en abuser... à la différence de **l'eau et des glaces vendues par les marchands ambulants, à ne consommer sous aucun prétexte.** Le cas des légumes crus varie selon les endroits, mais la plupart des restaurants les lavent correctement. Les fruits comme le melon ou la pastèque sont plus dangereux car certains producteurs peu scrupuleux les laissent tremper dans l'eau pour les alourdir et en tirer un meilleur prix.

SE REPÉRER

Chaque adresse de restaurant est associée à une pastille orange numérotée. Vous retrouverez toutes les adresses positionnées sur le plan détachable.

Restos & bistrots
PAR QUARTIER

La place Jemaa el-Fna (Quartier 1 - p. 24)

RESTAURANTS AMBULANTS
Traditionnel ① Plan E3

Dès la tombée de la nuit, une dense fumée envahit la partie nord de la place. Elle indique l'emplacement des restaurants ambulants, où les clients s'attablent au coude à coude. Au menu, *harira* fumante, soupe d'escargots, grillades et tagines de toutes sortes, poissons frits, salades variées... Un repas ne dépasse pas 50 Dh. Les estomacs fragiles se contenteront des tagines cuits et recuits.

Pl. Jemaa el-Fna • T.l.j. de 18h30 jusqu'au dernier client.

ORIENTAL LEGEND
Glacier ② Plan E3

Pour se rafraîchir lors des grosses chaleurs, cette boutique propose plus d'une quarantaine de parfums de glaces à emporter, toutes faites maison, ce qui est aussi le cas des cornets. Cerise, framboise, kiwi, ananas, réglisse, caramel, pêche Melba ou banana split, pour ne citer qu'eux, feront la joie des petits et des grands.

52, rue Bab Agnaou • ☎ 05 24 44 42 00 • T.l.j. 8h30-minuit par beau temps • À partir de 8 Dh la boule sur cornet, 12 Dh à emporter.

Restaurants ambulants de la place Jemaa el-Fna

Nos meilleures adresses À PETITS PRIX

Se régaler sans grever son budget ? Rien de plus simple à Marrakech, où 5 à 10 € suffisent pour combler sa faim tout en réjouissant ses papilles.

Restaurants de la place des Ferblantiers

RESTAURANTS DE LA PLACE DES FERBLANTIERS

Les fumets des tagines à la braise qui s'en échappent parlent d'eux-mêmes. L'ambiance colorée de la place fait le reste ! Voir p. 60, **Mellah.**

RESTAURANT DE L'ASSOCIATION AMAL

Le sourire des femmes qui travaillent en chantonnant n'a d'égal que l'incroyable rapport qualité-prix de ce restaurant associatif. Voir p. 111, **Guéliz.**

RESTAURANT DE LA MAISON DE LA PHOTOGRAPHIE

Un toit-terrasse où la cuisine, simple et savoureuse, prolonge à merveille l'émotion de la visite. Voir p. 104, **Ben Youssef.**

TABLE D'HÔTES D'AL MAQAM

Pour sortir de la ville et déjeuner en plein air dans un jardin exubérant semé de sculptures et d'œuvres contemporaines. Voir p. 85, **Pays berbère.**

LE RÔTI D'OR

Le must pour des falafels à emporter ou pour un poulet rôti servi à table dans la rue. Voir p. 99, **Jemaa el-Fna.**

CHEZ BELGUENI

Pas de séjour à Marrakech sans une halte au coude à coude avec les employés du quartier, pour se lécher les doigts en dévorant des côtelettes d'agneau. Voir p. 111, **Guéliz.**

PÂTISSERIE DES PRINCES
Salon de thé-glacier
③ Plan E3

Ne vous fiez pas aux apparences peu reluisantes, et ignorez les guêpes qui tournent autour des vitrines pour vous concentrer sur leur contenu. Véritable institution à Marrakech, l'adresse vend les meilleures pâtisseries marocaines de la ville : cornes de gazelle bien sûr, mais aussi briouats aux amandes, *chabakia* (languettes de pâte frites trempées dans du miel), *sellou* (mélange de beurre, d'amandes, de miel, de sésame)...
32, rue Bab Agnaou • ☎ 05 24 44 30 33 • https://patisseriedesprinces.business.site • T.l.j. 7h-23h • Pâtisseries : 180-200 Dh/kg.

LE GASTRONOMIQUE DU RIAD MONCEAU
Gastronomique
④ Plan E3

La réputation du restaurant organisateur du trophée MarrakChef n'est plus à faire ! Aux fourneaux, la chef Rachida Sahnoune est passée maîtresse dans l'art du mariage des saveurs et le dosage des épices. Résultat, un menu dégustation qui fait la part belle à la gastronomie marocaine, sans s'interdire quelques incursions du côté de la grande tradition française et un menu tradition centré autour du couscous.
63, derb Jamaa, Riad Zitoun el-Kdim • ☎ 05 24 42 96 46 • www.riad-monceau.com • T.l.j. 19h-22h30 • Menu dégustation : 450 Dh ; menu tradition : 350 Dh (prix hors boisson) • Alcool.

LES GARGOTTES DE LA RUE BANI MARÎN
Traditionnel
⑤ Plan E3

Pour les tout petits budgets ou les amateurs d'ambiance authentique, les restaurants de cette rue affichent des prix plus que raisonnables. Pour moins de 60 Dh : grillades de mouton, merguez, couscous, salades marocaines et thé à la menthe. Essayez par exemple El-Bahja au n° 41, Hadj Brik tout à côté ou Au Casse-Croûte des Amis, un peu plus loin dans la rue.

Riad Monceau

Notre top DES TABLES GASTRONOMIQUES

À l'excellence et au raffinement de la gastronomie marocaine s'ajoute la magie des lieux qui servent de cadre aux meilleures tables de la ville.

LA GRANDE TABLE MAROCAINE

Le nec plus ultra de la haute gastronomie marocaine pour le restaurant sophistiqué de cet hôtel de luxe. Voir p. 99, **Koutoubia.**

DAR MOHA

Pour goûter à la nouvelle cuisine marocaine au bord de la sublime piscine où Pierre Balmain en personne faisait trempette. Voir p. 101, **Mouassine.**

LE GASTRONOMIQUE DU RIAD MONCEAU

Une table qui redonne au couscous ses lettres de noblesse dans le cadre feutré d'un patio arboré. Voir p. 97, **Jemaa el-Fna.**

LE MIMOUNA DAR RHIZLANE

Une salle de restaurant presque entièrement vitrée pour une exploration de saveurs sans frontière. Voir p. 116, **L'Hivernage.**

LA VILLA DES ORANGERS

C'est au bord de la piscine et sous un ciel étoilé qu'on apprécie le mieux le mariage des saveurs de cette table raffinée. Voir p. 99, **Koutoubia.**

Riad Monceau

BACKCHICH CAFÉ
Franco-marocain ⑥ Plan E3

Antidote contre la morosité, ce petit café situé à deux pas de la place Jemaa el-Fna semble tout droit sorti d'un magazine de culture pop ! Sa déco un rien déjantée, toute de couleurs et d'objets recyclés, crée une atmosphère joyeuse et ludique, où avaler à toute heure un thé, un café, un jus d'orange, de citron, de banane ou d'avocat, un sandwich, une omelette ou une salade. À partir du déjeuner, des tagines et couscous viennent étoffer la carte.

Rue Riad Zitoun el-Jdid • ☎ 06 61 48 86 92 • T.l.j. 9h30-22h30 • Jus de fruit : 20 Dh ; sandwichs : 30 Dh ; couscous : 50-70 Dh ; tagines : 30-65 Dh.

LE RÔTI D'OR
International ⑦ Plan E3

Une adresse spéciale petits budgets, pour se régaler d'un poulet rôti ou d'un burger, d'un taco ou d'un burrito à la mexicaine, assis à de petites tables disposées le long du mur dans la rue. Les plus pressés pourront opter pour les falafels ou les *shawarmas*, aussi vendus en version à emporter. Les commandes se passent au comptoir.

Rue Kennaria (dans la prolongation de la rue Riad Zitoun el-Jdid) • ☎ 06 75 45 22 60 • Sam.-mar. 12h-16h et 18h-20h30 • Plats : 25-45 Dh.

VOIR AUSSI :

Snak Toubkal | p. 26 | ⑧ Plan E3

Autour de la Koutoubia (Quartier 2 - p. 28)

LA GRANDE TABLE MAROCAINE
Gastronomique ⑨ Plan D3

Pour une soirée spéciale folie, le restaurant marocain de cet hôtel de luxe joue sans conteste dans la cour des plus grands : depuis sa pastilla aux fruits de mer (pour deux), ses palourdes en persillade, sa *tangia* aux joues de bœuf ou son couscous de blé dur jusqu'à ses pêches rôties au miel ou son tagine de fruits d'automne, l'excellence est au rendez-vous.

Rue Abou Abbas el-Sebti • ☎ 05 29 80 82 82 • www.royalmansour.com • T.l.j. 19h30-23h • Entrées : 250-600 Dh ; plats : 350-750 Dh.

LA VILLA DES ORANGERS
Gastronomique ⑩ Plan D4

Embarquez pour un voyage entre Orient et Occident au bord de la ravissante piscine ou dans un des salons cossus de ce riad qui conjugue à merveille luxe et volupté. Ravioles de homard et leur bisque au fenouil, gambas rôties sur caviar d'aubergines, thon rouge

Café Kif-Kif

grillé aux fruits exotiques, pastilla de coquelet fermier au foie gras, chou au cacao et praliné *amlou*...
6, rue Sidi Mimoun • ☎ 05 24 38 46 38 • www.villadesorangers.com • T.l.j. 19h-22h30 • Formules entrée et plat ou plat et dessert : 580 Dh ; entrée, plat et dessert : 690 Dh.

VOIR AUSSI :

Café Kif Kif | **p. 29** | ⑪ Plan D3

Le quartier Mouassine (Quartier 3 – p. 36)

DAR CHÉRIFA
Café littéraire ⑫ Plan G7

Ce riad à l'élégance discrète est devenu un lieu de rencontre et de culture où il fait bon bruncher, déjeuner, prendre le thé ou dîner dans une atmosphère feutrée et relaxante. Dans l'assiette, une sélection de spécialités marocaines élaborées avec soin : assortiments de salades, trio de briouats, poulet au gingembre, *mourouzia* d'agneau aux oignons, raisons secs et amandes.
8, derb Chorfa Lakbir, Sidi el-Yamani • ☎ 05 24 42 65 50 ou 06 73 70 91 51 • www.dar-cherifa.com • Salon de thé : t.l.j. 10h-23h ; restaurant : t.l.j. 12h-23h (19h le mer.) • Entrées : 40-80 Dh ; plats : 120-160 Dh • Alcool.

KAFÉ FNAQUE BERBÈRE
Café-librairie ⑬ Plan G7-8

Reconvertie en café-restaurant, cette ancienne librairie a conservé au rez-de-chaussée de belles vitrines, où vous trouverez divers ouvrages sur le Maroc. Mais l'activité principale se passe dorénavant en hauteur, sur la petite terrasse avec vue sur la médina. Une halte sympathique pour un thé à la menthe, un jus de fruit, un sandwich, des salades marocaines, un tagine ou un burger.

Rue Laksour, angle rue Mouassine • ☎ 06 49 58 31 65 • T.l.j. 10h-21h • Sandwichs : 30 Dh ; salades : 30-40 Dh ; tagines : 60-80 Dh ; burgers : 50-60 Dh.

LA PÂTISSERIE
Salon de thé ⑭ Plan G6

À déguster sur place assis sur de petits tabourets de bois ou à emporter, les cornes de gazelle, briouats au miel ou petits sablés préparés in situ accompagnent à merveille un verre de thé à la menthe, un café ou un jus d'orange. À l'heure du déjeuner, quelques sandwichs viennent étoffer la carte.

Rez-de-chaussée du souk Chérifia, juste après le croisement des rues Dar el-Bacha et Mouassine • ☎ 05 24 37 59 04 • T.l.j. 10h-21h.

DAR MOHA
Gastronomique ⑮ Plan D2

Établi dans l'ancienne maison de Pierre Balmain, ce restaurant est une des étapes obligatoires de Marrakech. Mohamed Fedal, dit « Moha », s'adonne avec virtuosité à sa passion de toujours, le mariage original des saveurs. C'est dans la fraîcheur du patio, autour de la petite piscine en zelliges, que sont disposées les tables parsemées de pétales de roses. Une mention spéciale pour la farandole des salades et briouats qui révèlent la créativité du chef.

81, rue Dar el-Bacha • ☎ 05 24 38 64 00 • www.darmoha.ma • T.l.j. 12h-16h et 19h-22h • Le midi, à la carte : tagines 90-210 Dh ; menu fixe le soir : 530 Dh • Alcool.

DAR MARJANA
Traditionnel ⑯ Plan D2

Une soirée *Mille et Une Nuits* garantie dans un véritable palais. Après une halte apéritive dans un patio à la végétation exubérante, un menu gastronomique vous sera servi dans l'un des salons. Musiciens gnaouas et danseuses du ventre se succéderont pendant que vous dégusterez la farandole des salades, un tagine et un couscous. Une mention spéciale pour l'agneau aux tomates confites et caramélisées.

15, derb Sidi Ali Taïr • ☎ 05 24 38 51 10 ou 05 24 38 57 73 • www.darmarjana.com • Mer.-lun. 20h-23h30 • Menu gastronomique : 726 Dh ; menu découverte : 550 Dh • Alcool • Résa obligatoire.

LA MAISON ARABE
Gastronomique ⑰ Plan D2

Sous un beau plafond peint à la main ou à la lueur des lanternes, au bord de la piscine, le restaurant de cet hôtel de luxe comblera vos papilles et vos envies de changement. Depuis la soupe à l'orange accompagnée de ses briouats jusqu'au tagine royal d'agneau aux figues, dattes et abricots séchés, tout y est divin ! Les bonnes fourchettes peuvent opter pour le menu dégustation à 800 Dh.

1, derb Assehbé, Bab Doukkala • ☎ 05 24 38 70 10 • www.lamaisonarabe.com • Tous les soirs • Entrées : 120-160 Dh ; tagines : 180-290 Dh • Alcool • Piano bar • Résa fortement conseillée.

DAR YACOUT
Traditionnel ⑱ Plan D2

Sur le principe du menu gastronomique, un dîner somptueux dans un cadre de rêve. L'occasion de découvrir l'agencement des anciennes maisons arabes, avec leurs escaliers tortueux et leurs petits salons à l'étage. Montez jusqu'à la terrasse, d'où la vue embrasse toute la médina.

79, derb Sidi Ahmed Soussi • ☎ 05 24 38 29 29 • www.daryacout.com • Mar.-dim. services à 20h et 22h30 • Menu gastronomique : 700 Dh • Alcool • Résa obligatoire.

VOIR AUSSI :

Bougainvillier Café | p. 38 | ⑲ Plan G7

Le quartier Ben Youssef (Quartier 4 - p. 40)

KUI-ZIN
Méditerranéen ⑳ Plan G6

Dans un patio ombragé ou sur le charmant toit-terrasse, cette pause restauration est vite devenue l'une des plus agréables du quartier. Sur la carte voisinent les classiques marocains comme les tagines ou les couscous, les spécialités méditerranéennes comme les lasagnes végétariennes ou la moussaka et les créations du chef telles que l'agneau à l'orange ou le poulet sucré-salé.

12, rue Amsefah, à côté du concept store Max & Jan • ☎ 05 24 39 09 84 ou 06 53 10 00 88 • www.kui-zin.com • T.l.j. 11h-23h • Tagines : 65-100 Dh ; couscous : 95-110 Dh.

SOUK KAFÉ
Traditionnel ㉑ Plan G6

Un cadre ravissant et chaleureux pour ce restaurant où se reposer de l'agitation de la médina. On y sert des petits déjeuners puis, en continu, des smoothies, des salades, des tagines... Parmi les spécialités, le couscous *tfaya* aux oignons et raisins secs caramélisés,

Nos meilleurs ROOFTOPS

Rien de tel qu'un peu de hauteur pour prendre le pouls de la ville tout en échappant à son bouillonnement incessant.

NOMAD

Avec ses lampions et ses banquettes crème, le toit du Nomad est vite devenu *the place to be* de la Ville rouge. Voir p. 105, **Les souks.**

CAFÉ DES ÉPICES

Immanquable pour sa vue plongeante sur l'une des plus jolies places de la Médina. Voir p. 51, **Les souks.**

LA TERRASSE DES ÉPICES

Le plus vaste toit-terrasse de la médina, d'où admirer les cimes enneigées de l'Atlas en hiver. Voir p. 47, **Les souks.**

LE FOUNDOUK

Le plus glamour des rooftops de Marrakech avec ses bougies iridescentes et ses bougainvilliers colorés. Voir p. 104, **Ben Youssef.**

ZEITOUN CAFÉ

L'une des meilleures vues sur l'effervescence de la place Jemaa el-Fna à la tombée de la nuit. Voir p. 110, **Kasbah.**

Nomad

la célèbre *tangia* cuite à l'étouffée dans son pot de terre et même un couscous au maïs sans gluten !
11, derb Souk Jdid, quartier Sidi Abdelaziz • ☎ 06 62 61 02 29 • T.l.j. 11h-23h • Plats : 65-100 Dh ; smoothies : 30 Dh.

BEATS BURGERS
Hamburgers ㉒ Plan H6

Le slogan de la maison en dit long : « la rencontre entre la cuisine orientale et le burger d'oncle Sam » ! Consciencieusement élaborés à base de produits frais, les burgers et bagels proposés sont servis accompagnés de frites maison et déclinent saveur et originalité. Des salades, brochettes, nuggets et smoothies complètent le menu.
35, souk Jeld, Kimakhine • ☎ 05 24 39 12 13 ou 06 66 99 47 89 • www.beatsburger.com • T.l.j. 11h-21h ; service continu • Burgers : 75-120 Dh ; bagels : 55-75 Dh ; salades : 75 Dh ; smoothies : 35 Dh.

LE FOUNDOUK
Resto, bar à cocktails ㉓ Plan I6

Lustres ornés de bougies, voilages vaporeux, lumière tamisée, vaste terrasse sur le toit, la décoration de cet ancien caravansérail allie les charmes de l'Orient à ceux de l'Occident. Il en va de même côté papilles : le chef se plaît à marier les saveurs pour garnir les assiettes de chair d'araignée de mer et tartare de légumes, de tagines fondants aux coings ou aux poires, de risotto safrané aux moules et citrons confits, de poires pochées aux épices...
55, rue Souk Ahl Fes • ☎ 05 24 37 81 90 • www.foundouk.com • T.l.j. sf mer. 19h-24h • Entrées : 75-100 Dh ; plats : 100-210 Dh • Alcool • Résa fortement conseillée.

I LIMONI
Italo-marocain ㉔ Plan E2

C'est installé à l'ombre des orangers et citronniers d'un beau patio aux murs tapissés de carreaux de faïence que vous dégusterez l'excellente cuisine concoctée avec passion par le chef : tartare saumon avocat, tagliatelles au citron, *tagliolini* aux anchois, raviolis de ricotta et marjolaine, aiguillettes de veau panées...
40, diour Saboun, Bab Taghzout • ☎ 05 24 38 30 30 • www.facebook.com/hamidzoubaire • T.l.j. 12h-23h ; service continu • Alcool.

MAISON DE LA PHOTOGRAPHIE
Resto, salon de thé ㉕ Plan I6

Quelques tables disposées sur le toit, un accueil sans chichis, pas d'alcool mais un vrai régal ! Ici, c'est le contraire de l'usine : vous ne trouverez que quelques tagines cuits de façon traditionnelle, une ou deux salades du jour préparées comme à la maison et parfois des pastillas (60 Dh).

Restaurant de la maison de la Photographie

Possibilité de boire un thé, un café ou un jus d'orange avec des pâtisseries marocaines.
46, rue souk Ahl Fes • ☎ 05 24 38 57 21 • www.maisondelaphotographie.ma • T.l.j. ; repas 12h-16h, salon de thé 10h-19h • Menu du jour : 100 Dh ; salades : 30 Dh ; tagines : 60 Dh.

KAFÉ MERSTAN
Traditionnel ㉖ Plan H7

Les tables en zelliges, tabourets colorés, parasols et sets de table en *doum* de ce petit restaurant situé à deux pas de la place Ben Youssef donnent un charmant air *beldi* (traditionnel) à sa terrasse. Côté cuisine, l'inspiration est marocaine : légumes grillés à l'huile d'argan, tagine *makfoul* (tomate et oignons caramélisés au miel), brochettes marinées, orange à la cannelle...
2, souk Chaaria • ☎ 05 24 38 67 65 • T.l.j. 10h-23h • Entrées : 35-60 Dh ; plats : 60-90 Dh ; desserts : 30-45 Dh.

VOIR AUSSI :

Le Jardin | p. 43 | ㉗ Plan G6

Les souks (Quartier 5 – p. 46)

BELDI & JUICE
Jus de fruits ㉘ Plan H7

Détox, toniques ou bonne mine, les jus de fruits et de légumes de cette minuscule échoppe vous redonneront la pêche pour poursuivre votre exploration des souks ! En cas de petite faim, vous aurez le choix entre crêpes, *piadine*, salades, brochettes de poulet ou tagines.
47, pl. Rahba el-Kdima (pl. des Épices) • ☎ 05 24 39 15 55 • T.l.j. 9h-21h • Jus : 15-28 Dh ; crêpes : 25-30 Dh ; salades : 60-70 Dh ; tagines : 70 Dh.

NOMAD
Marocain moderne ㉙ Plan H7

Deux salles superposées, une charmante terrasse donnant sur la place des Épices, une décoration soignée et une cuisine

traditionnelle retoquée, voilà le secret de cette table devenue un rendez-vous incontournable des souks. Dans l'assiette : tartelette sardine tapenade, calamars harissa gingembre, burger agneau aubergines, couscous de quinoa sorgho sans gluten, glaces *amlou* huile d'argan ou potiron safran...
1, derb Aarjane • ☎ 05 24 38 16 09 • www.nomadmarrakech.com • T.l.j. 12h-23h.

VOIR AUSSI :

Terrasse des Épices I p. 47
I ㉚ Plan G6

Café des Épices I p. 51
I ㉛ Plan H7

Nomad

Autour de la rue Riad Zitoun el-Jdid (Quartier 6 - p. 54)

RESTAURANT PEPE NERO
Italo-marocain ㉜ Plan E3

Voilà une table qui met tout le monde d'accord avec ses deux cartes (l'une italienne, l'autre marocaine), révélant la double origine du chef. Pâtes faites maison, aubergines à la parmesane, risotto aux courgettes, mais aussi méchoui d'agneau fondant, pastilla au pigeon et tagines de poisson, le tout préparé avec un grand raffinement et servi dans un beau patio ou dans les salons attenants.
17, derb Cherkaoui, Douar Graoua • ☎ 05 24 38 90 67 ou 06 61 84 98 11 • www.pepenero-marrakech.com • Mar.-dim. 19h30-23h30 • Entrées : 70-95 Dh ; plats : 110-220 Dh • Alcool.

NARANJ
Maroco-libanais ㉝ Plan E3

À la lumière des lanternes en laiton délicatement ciselées ou à celle du jour sur le toit-terrasse, cette table propose une cuisine orientale à forte tonalité libanaise. Assortiment de mezze froids et chauds, salade de pastèque et roquette, pour une sensation de fraîcheur garantie, boulgour aux aubergines, lentilles et amandes, shawarma de bœuf, crème aux pistaches...
84, rue Riad Zitoun el-Jdid • ☎ 05 24 38 68 05 ou 06 35 90 27 04 • www.naranj.ma • Lun.-sam. 11h30-22h30 • Entrées : 45-105 Dh ; plats : 80-155 Dh.

LA FAMILLE
Végétarien ㉞ Plan E3

Un véritable coup de cœur pour cette « cantine au jardin », comme se plaît à l'appeler sa créatrice. Un havre de verdure et de quiétude où la carte, restreinte mais inventive et raffinée, changechaque jour : des salades d'orge au potiron grillé, aux dattes et au fromage frais, des gnocchis aux tomates confites ou à la crème de betterave, des *pizzette* à la menthe, coriandre et roquette... tout un univers de fraîcheur et de saveurs dont on s'entiche à la première bouchée !

42, rue Riad Zitoun el-Jdid • ☎ 05 24 38 52 95 • www.instagram.com/la_famille_marrakech_/ • Mar.-dim. 12h-16h30 • Entrée : 55 Dh ; plat : 80 Dh • Résa conseillée.

HENNA ART CAFÉ
Café-resto culturel ㉟ Plan E3

L'adresse idéale pour se restaurer d'une cuisine orientale soignée, admirer les créations d'artistes en herbe ou confirmés, se faire tatouer des dessins au henné sur la peau (sur résa) tout en accomplissant une bonne action, puisque tous les bénéfices servent à financer des programmes d'aide aux enfants défavorisés. Une occasion aussi de faire vos premiers pas en arabe dialectal lors des séances d'initiation (lun.-ven. à 16h : 20 Dh).

35, derb Sqaya, à l'angle de la rue Zitoun el-Kdim • ☎ 06 66 77 93 04 • www.hennacafemarrakech.com • T.l.j. 11h-20h • Entrées : 25-30 Dh ; plats : 40-60 Dh.

La Famille

EARTH CAFÉ
Bistrot végétarien (36) Plan E3

Cuisine végétarienne et bio dans ce café aux murs badigeonnés de chaux aux couleurs vives, où l'on prend place autour de tables basses disposées dans un minipatio ou dans un petit salon ouvert. Les pastillas de courge, poivrons, fromage italien et confiture de figues, les rouleaux de printemps aux épinards, roquefort et huile de sésame, les burgers aux légumes, huile d'olive et vinaigre balsamique sont un vrai régal que même les plus carnivores d'entre nous apprécieront.

2, derb Zouak, Riad Zitoun el-Kdim • ☎ 06 61 28 94 02 • www.earthcafemarrakech.com • T.l.j. de 11h jusqu'à tard le soir • Plats : 60-70 Dh.

KOULCHI ZINE
Marocain, international (37) Plan E4

Tout de blanc et de noir vêtu, ce spacieux riad épuré multiplie les espaces où s'attabler devant un jus de fruits ou de légumes, un assortiment de salades, une spécialité marocaine, un plat de pâtes ou un kebab. Agréable toit-terrasse pour les beaux jours.

164, rue Riad Zitoun el-Kdim • ☎ 05 24 37 75 80 • www.koulchizine.com • T.l.j. 9h30-22h30 • Entrées : 40-80 Dh ; plats : 65-110 Dh ; jus : 20-30 Dh.

DAR ANIKA
Gastronomique (38) Plan E4

Le toit-terrasse de ce riad-boutique offre un cadre idéal pour un dîner en amoureux face au coucher du soleil. À essayer absolument, la *seffa medfouna* : un poulet fondant caché sous un monticule de vermicelles sucrés-salés. Autre exploration gustative possible, la *tangia* de dromadaire (sur commande 6h à l'avance) ou la lotte aux épices. La célèbre pastilla au lait ou les poires caramélisées clôtureront à merveille le repas.

112, rue Riad Zitoun el-Kdim • ☎ 05 24 39 17 51 ou 06 66 71 23 49 • www.riadanika.com • T.l.j. 11h30-14h30 et 18h30-23h • Entrées : 75-90 Dh ; plats : 150-190 Dh • Alcool.

VOIR AUSSI :

Déjeuner à Marrakech | p. 56 | (39) Plan E3

Le Mellah (Quartier 7 - p. 58)

LA TABLE AL BADIA
Gastronomique (40) Plan E4

Un voyage gustatif à la découverte des vraies saveurs traditionnelles du Maroc, voilà ce qui vous attend sur le toit-terrasse de ce riad, où Samira concocte chaque jour un menu surprise (en tenant compte des restrictions alimentaires

communiquées lors de la réservation) selon son inspiration et les produit frais trouvés au marché. Le plus : l'accueil particulièrement chaleureux qui fait se sentir comme à la maison !
135, derb Ahl Souss
• ☎ 05 24 39 01 10 ou 06 02 59 22 66
• www.riadalbadia.com • Tous les soirs, sur résa la veille au soir • Menu 3 plats : 300 Dh • Alcool.

VOIR AUSSI :

Restaurants de la place des Ferblantiers | p. 60 | ㊶ Plan E4

La kasbah (Quartier 8 - p. 62)

LA SULTANA
Gastronomique ㊷ Plan E4

Toute la féerie de Marrakech pour le restaurant de cet hôtel de luxe qui nous fait la grâce d'ouvrir ses portes aux non-résidents. Si les dîners dans le patio chauffé en hiver sont déjà romantiques, que dire de ceux sur la terrasse à la belle saison, sous la voûte étoilée du ciel et à la lueur des chandelles ? La magie se prolonge dans l'assiette avec une cuisine marocaine ou française de grande qualité.
403, rue de la Kasbah
• ☎ 05 24 38 80 08
• www.lasultanamarrakech.com • T.l.j. 12h30-14h30 et 19h30-21h30 (sur résa le soir) • Menu signature : 680 Dh ; entrées : 140-180 Dh ; plats : 130-310 Dh.

KASBAH CAFÉ
Marocain, international ㊸ Plan E4

Idéale pour prendre de la hauteur et s'imprégner de l'atmosphère de la place principale de la Kasbah, la terrasse de ce café peut servir de cadre à un copieux petit déjeuner, à une pause rafraîchissante à base de jus de fruit frais, à un

La Sultana

en-cas salade ou omelette, mais aussi à un repas plus consistant.
47, Boutouil, face aux tombeaux saadiens • ☎ 05 24 38 26 25 ou 06 61 99 29 95 • www.kasbahcafemarrakech.com • Lun.-ven. 9h-23h, sam.-dim. 9h-minuit • Petit déjeuner : 80 Dh ; menu du jour : 120 Dh ; entrées : 60 Dh ; salades : 55-95 Dh ; pizzas : 85-95 Dh ; plats : 90-180 Dh.

ZEITOUN CAFÉ
Traditionnel (44) Plan E4 et H8

Vue plongeante sur la place de la Kasbah pour détailler le minaret de la mosquée tout en avalant un petit déjeuner, un sandwich, une omelette ou un pan bagnat. Une carte de spécialités marocaines comblera les plus gros appétits : poulet tridd aux lentilles, *tangia* de dromadaire, et pour les allergiques au gluten, soupe de fèves, salade de quinoa, tagine de kefta aux petits pois.
417, Bab Agnaou, pl. de la mosquée de la kasbah • ☎ 05 24 44 42 44 • www.zeitouncafe.com • T.l.j. 9h-minuit • Sandwichs : 45 Dh ; plats : 70-130 Dh • Autre adresse : 107, pl. Jemaa el-Fna ; ☎ 05 24 42 75 70 ; t.l.j. 9h-1h.

Zeitoun Café

Le Guéliz (Quartier 9 - p. 68)

RESTAURANT DE L'ASSOCIATION AMAL
Associatif ㊺ Plan B1

Une adresse pour se régaler à petit prix tout en s'octroyant bonne conscience ! Ce restaurant à but non lucratif est géré par une association qui vient en aide aux femmes défavorisées en leur permettant d'apprendre un métier tout en gagnant leur vie. Dans l'assiette, les basiques de la cuisine marocaine et quelques ajouts méditerranéens. L'endroit idéal, le vendredi, pour un authentique couscous.

Angle rue Ben Ahmed et rue Ibn Sina • ☎ 05 24 44 68 96 • T.l.j. 8h-10h pour le petit déjeuner, 12h-15h pour le déjeuner • Entrées : 30-40 Dh ; plats : 45-80 Dh.

GARGOTES DE LA RUE IBN AÏCHA
Populaire ㊻ Plan B1

Avec leurs tables installées sur le trottoir à l'ombre de parasols publicitaires et de jacarandas, ces restaurants populaires proposent des menus très simples constitués de grillades (keftas, merguez, côtelettes, rognons, brochettes dont les délicieuses *boulfaf* au foie de mouton) accompagnées de salade marocaine (tomates, oignons au cumin). Le pionnier, **Chez Belgueni,** est depuis longtemps une véritable institution à Marrakech.

Rue Ibn Aïcha • T.l.j. 12h-22h • 35-70 Dh.

L'ANNEXE
Bistrot français ㊼ Plan B1-2

Décoration contemporaine dans le style brasserie raffinée, murs framboise, parquet ciré et banquettes couleur prune pour cette bonne table de cuisine méridionale qui devrait réjouir les plus nostalgiques. Des saveurs maîtrisées, des produits de qualité, et l'indispensable touche de fantaisie qui émoustille les papilles comme la curiosité. Croustillant de chèvre, foie gras cuit au torchon, gambas grillées au beurre d'escargot, rognons d'agneau braisés...

14, rue Moulay Ali • ☎ 05 24 43 40 10 • www.lannexemarrakech.com • Lun. soir-sam. 12h-15h30 et 19h30-23h • Menu déjeuner (hors vacances scolaires) : 80-120 Dh ; entrées : 45-140 Dh ; plats : 70-180 Dh.

CHEZ MADO
Poisson ㊽ Plan B2

Une des rares tables de la ville spécialisées dans les produits de la mer. Ambiance brasserie animée et chaleureuse, copieux plateaux de fruits de mer d'une parfaite fraîcheur ! Et bien sûr des poissons en tout genre, toujours très frais. Une belle adresse de la Ville rouge. Quelques plats de viande pour les carnivores incurables.

22, rue Moulay Ali • ☎ 05 24 42 14 94 • Mar.-sam. et dim. soir 12h-15h et 19h-23h • Fruits de mer : 200-320 Dh ; entrées : 60-150 Dh ; plats : 100-230 Dh • Alcool.

LE PETIT CORNICHON
Gastronomique (49) Plan B1-2

Petit par le nom, grand par la table ! Ce restaurant français est devenu un incontournable pour toutes les bonnes fourchettes de la ville. Dans un décor original où le bleu règne en maître, une cuisine aussi raffinée qu'inventive : ceviche de bar et son *tobiko* (œufs de poisson volant) au wasabi, foie gras poêlé et son confit de poires, entrecôte aussi fondante que goûteuse, linguine aux gambas, île flottante.

Le Petit Cornichon

27, rue Moulay Ali • ☎ 05 24 42 12 51 • www.lepetitcornichon.ma • Lun. soir-sam. 12h-15h et 19h30-23h • Menus en semaine : 150-190 Dh ; entrées : 90-180 Dh ; plats : 160-360 Dh • Alcool.

CASANOVA
Italien (50) Plan C1

Une cuisine italienne de qualité dans ce restaurant installé dans une villa du Guéliz où les patrons vous accueillent en personne. Antipasti de la terre ou de la mer, *primi* et *secondi piatti* respectant les recettes traditionnelles, voici un bon repas en perspective ! Possibilité de manger dans le jardin - somme toute un peu bruyant.

221, av. Yacoub el-Mansour • ☎ 05 24 42 37 35 • T.l.j. 12h-15h et 19h-minuit • Lounge bar : à partir de 18h ; happy hour : 18h-21h • Pâtes : 70-120 Dh ; plats : 90-220 Dh ; pizzas : 55-80 Dh ; assortiment de charcuterie ou de fromages italiens : 100 Dh • Alcool.

AL FASSIA
Gastronomique
(51) Plan B2 et HP par E5

Un des rares restaurants marocains en pleine ville nouvelle ouvert midi et soir et très facile d'accès. Si le décor n'a pas vraiment d'intérêt, la cuisine, bien que classique, y est parfaite. Vous y dégusterez la meilleure épaule dorée de Marrakech. Un grand plus par rapport à de nombreux restaurants gastronomiques marocains : le service à la carte, qui permet de manger à sa convenance.

55, bd Mohammed Zerktouni • ☎ 05 24 43 40 60 ou 05 24 43 79 73 • Mer.-lun. 12h30-14h30 et 19h30-23h • www.alfassia.com • Plats : 130-175 Dh • Alcool • Autre adresse : av. du 7ᵉ Art, zone touristique de l'Agdal ; ☎ 05 24 38 11 38 ; t.l.j. 19h30-23h.

AYASO
Bio et végétarien ⑤② Plan B2

Un espace entièrement dévolu à l'alimentation saine qui a fait sa devise de la célèbre formule d'Hippocrate « Tu es ce que tu manges ». Dans les rayons, une gamme de cosmétiques et produits alimentaires marocains et internationaux, et côté table, un joli choix de tartines, salades, quiches ou pâtes à déguster dans une ambiance conviviale. Une adresse 100 % marocaine où les touristes sont rares. Marché paysan à l'étage tous les samedis matin.
6, bd Mohammed Zerktouni • ☎ 05 24 43 41 45 • www.ayaso.bio • T.l.j. 7h-22h • Petits déjeuners : 35-50 Dh ; jus de fruits et de légumes : 18-32 Dh ; plats : 50-68 Dh.

LE PAIN QUOTIDIEN
Boulangerie, salon de thé ⑤③ Plan B2

Pour un petit creux comme pour une faim de loup, vous trouverez ici de quoi satisfaire vos papilles dès le petit déjeuner qui se décline en version express, *beldi, French, British*... Le reste de la journée, vous aurez le choix entre viennoiseries, pâtisseries marocaines et sandwichs, mais aussi quiches, burgers, pâtes ou pizzas.
41, rue de Yougoslavie, presque à l'angle de l'av. Mohammed-V • ☎ 05 24 42 00 88 • www.lepainquotidien.ma • T.l.j. 7h-20h • Petits déjeuners : 35-75 Dh ; burgers : 50-60 Dh ; pâtes : 45-60 Dh

GAÏA
Végétarien ⑤④ Plan B2

Ce petit salon de thé-restaurant biologique rend hommage à la Terre, dont il porte le nom. Ici, tout est naturel et biologique : les légumes et céréales qui composent les plats comme les matières des vêtements et objets en vente. On s'y sent comme dans le salon d'une amie qui nous aurait préparé rouleaux de printemps, tartines aux légumes ou pain perdu. Une pause fraîcheur qui se distingue radicalement de toutes les autres adresses de la ville !
100, av. Mohammed el-Beqal • ☎ 05 24 43 81 18 • https://gaia-vegetarian-restaurant.business.site • Lun.-sam. 10h-19h30 • Petit déjeuner : 55-70 Dh ; entrées : 35-45 Dh ; plats : 55-70 Dh.

LA TRATTORIA
Italien ⑤⑤ Plan B2

Un magnifique mélange Art déco et hispano-mauresque pour ce restaurant installé dans une villa sublimement décorée. Dans l'assiette, le meilleur de la péninsule italienne : *vitello tonnato*, osso bucco, gambas au limoncello, spaghettis aux fruits de mer...

Pâtisserie Amandine

Pour commencer ou poursuivre la soirée, n'hésitez pas à prendre un verre dans le superbe bar aux lumières tamisées ou le *garden lounge* cerné de plantes tropicales.
179, rue Mohammed el-Beqal • ☎ 05 24 43 26 41 ou 05 62 09 42 97 • www.latrattoriamarrakech.com • T.l.j. 19h30-23h • Entrées : 120-140 Dh; plats : 180-240 Dh; pâtes : 120-140 Dh.

PÂTISSERIE AMANDINE
Salon de thé ⑤⑥ Plan B2

Voilà plus de 20 ans que cette pâtisserie régale Marrakchis et visiteurs de passage de ses créations gourmandes françaises et marocaines. Leur seule évocation met l'eau à la bouche : macarons, viennoiseries, bombe caramel, dôme citron, religieuse au praliné, cheesecake, tarte framboise-pistache ou chocolat.
177, rue Mohammed el-Beqal • ☎ 05 24 44 96 12 • www.amandinemarrakech.com • T.l.j. 7h-21h • Petit déjeuner : 70 Dh; pâtisseries marocaines : 220 Dh/kg.

LE LOFT
Brasserie française ⑤⑦ Plan B2

Cuisine française simple et goûteuse dans un cadre bistrot auquel la patine du bois et les pales de l'immense ventilateur donnent des petits airs coloniaux. Dans l'assiette, ravioles gratinées, os à moelle, rillettes de saumon, tartare de bœuf, hachis Parmentier, magret de canard, entrecôte...
18, rue de la Liberté • ☎ 05 24 43 42 16 • www.restaurant-loft.com • T.l.j. 12h-15h et 19h-minuit • Formule à midi (hors vacances scolaires et ramadan) : 140 Dh; entrées : 60-140 Dh; plats : 140-210 Dh • Alcool.

LE CATANZARO
Italien ⑤⑧ Plan C2

Mieux vaut réserver ou arriver en début de service si l'on ne veut pas faire la queue sur le trottoir comme dans un bon bistrot parisien. Ce restaurant de spécialités italiennes (pizzas et pâtes en tout genre) est en effet l'une des adresses les plus fréquentées de la ville. La constance de la qualité, la sagesse des prix et l'efficacité du service n'y sont pas pour rien.

46, rue Tarik ibn Zyad • ☎ 05 24 43 37 31 • Lun.-sam. 12h-14h30 et 19h15-23h • Pizzas et pâtes : à partir de 60 Dh; viandes : à partir de 100 Dh • Alcool • Résa conseillée.

GÂTO
Salon de thé (59) Plan C2

En retrait de la bruyante avenue Mohammed-V, une adresse qui mérite vraiment le détour ! L'amande y règne, comme il se doit, en maître et se décline en tartelettes à la crème de sésame, en cigares, en cornes de gazelle, en briouats, *chabakia* et autres délices à emporter ou à déguster en terrasse.

Rue perpendiculaire à la rue Ibn Toumert, derrière la mosquée de Turquie de la rue Imam Malik • ☎ 05 24 43 47 23 • Lun.-sam. 8h-19h, dim. 9h30-13h • Gâteaux aux amandes : 180 Dh/kg; sablés : 100 Dh/kg; biscuits salés : 120 Dh/kg.

L'ENTREPOTES
Bar à tapas (60) Plan C2

Ambiance festive sur cette ravissante terrasse qui semble sur le point d'être envahie par une jungle de bambous, de palmiers et de bananiers. Côté cuisine, les tapas sont à l'honneur et déclinent toutes les influences de la Méditerranée. Pour les accompagner, une belle carte de cocktails et de vins. Plats et desserts permettent d'opter pour un repas plus conventionnel.

62, rue Tarik ibn Zyad • ☎ 05 24 42 21 25 • T.l.j. 18h-2h • Grand assortiment de tapas à partager : 230 Dh; formules entrée et plat ou plat et dessert : 130 Dh; entrée, plat et dessert : 150 Dh • Alcool.

16 CAFÉ
Français (61) Plan C2

Un café-restaurant au décor frais, lumineux et acidulé, idéal pour une pause en terrasse ou dans la petite salle climatisée. On y prendra un petit déjeuner ou un brunch jusqu'à midi, et on optera pour une daurade en papillotte, un cœur de filet de bœuf ou un confit d'agneau à l'heure des repas. Sans oublier de garder une petite place pour un macaron, une pâtisserie ou une glace maison.

Marrakech Plaza, pl. du 16-Novembre • ☎ 05 24 33 96 70 • www.16cafe.com • T.l.j. 8h-minuit (22h dîner) • Petit déjeuner : 80-120 Dh; formule à midi : 160 Dh.

DINO GELATO ITALIANO
Glacier (62) Plan C2

Bien que la marque soit espagnole, les glaces Dino sont faites à la façon italienne. Elles sont crémeuses à souhait,

ne contiennent ni additifs ni conservateurs et se déclinent dans une gamme de parfums très étendue. Le lait meringué, le café au caramel et la nectarine comptent parmi nos préférés.
Av. Mohammed-V, angle rue Sebou • ☎ 05 24 43 98 88 • T.l.j. 9h-minuit (1h en été) • Cornet 2 parfums : 25 Dh ; coupes à table : à partir de 49 Dh.

LE STUDIO
Bar à vins ⑥③ Plan B-C2

Un bistrot né de la rencontre de deux Lillois qui ont voulu recréer une atmosphère de brasserie sous le soleil de Marrakech. Dans l'assiette, des escargots de Bourgogne, des moules farcies, des terrines maison, du risotto aux truffes, des ris de veau, des tournedos Rossini et, en dessert, le célèbre Merveilleux de leur ville natale ! Possibilité de boire un verre de vin au comptoir.
87, av. Moulay Rachid • ☎ 05 24 43 37 00 • www.lestudiomarrakech.com • T.l.j. sf dim. ; le soir mai-sept, midi et soir oct.-avr. • Entrées : 50-100 Dh ; plats : 120-200 Dh • Alcool.

L'Hivernage (Quartier 10 – p. 72)

LE MIMOUNA-DAR RHIZLANE
Gastronomique ⑥⑤ Plan C3

Le nec plus ultra de la cuisine marocaine revisitée pour ce restaurant, où l'art de vivre local est porté aux nues. La chef, Zakia, a tout de la magicienne et éveille nos papilles avec des combinaisons de saveurs inattendues. Un vrai bonheur ! La maison d'hôtes compte deux autres restaurants : Le Minzeh pour un déjeuner au bord de la piscine sur une estrade suspendue, et Le Jardin pour un déjeuner ou un dîner plus méditerranéen.
Rue Jnane el-Harti • ☎ 05 24 42 13 03 • T.l.j. 19h30-23h30 • www.dar-rhizlane.com • T.l.j. ; déjeuner 12h-19h, dîner 19h30-24h • Le soir, formule 3 plats : 400 Dh ; le midi, plats à partir de 95 Dh • Alcool.

LA VILLA CANAILLE
Brasserie française ⑥⑥ Plan C3

Une vraie cuisine du terroir façon brasserie chic pour ce restaurant convivial installé dans une villa où chaque plat possède son petit grain d'originalité. Soupe de poisson à la toulonnaise, gravlax de saumon façon hareng, filet de daurade royale, côte de bœuf, souris d'agneau au thym… Le plus : la belle terrasse en bois avec son toit amovible.
Rue Qsar el-Kbir, face à l'hôtel Kenzi Farah • ☎ 06 50 92 97 42 • Lun.-sam. 19h30-23h • Entrées : 50-130 Dh ; plats : 140-170 Dh.

VOIR AUSSI :
Le Sky Lounge du Pearl Hotel | p. 73 | ⑥⑦ Plan C3

Le quartier Majorelle (Quartier 11 - p. 74)

PAUSE GOURMANDE
Traditionnel (68) Plan C1

Briouats, tagines, couscous et pastillas à consommer côté rue, sur la petite terrasse avec brumisateur, ou sur les banquettes en cuir clouté des salles intérieures. La carte comporte aussi salades, sandwichs et grillades.

1, rue Yves Saint Laurent • ☎ 05 24 29 02 15 • www.pausesgourmande.com • T.l.j. 8h-18h30 • Sandwichs : autour de 45 Dh ; salades : 48-58 Dh ; assortiment de 9 briouats : 68 Dh.

VOIR AUSSI :
MyKawa | p. 75 | (69) Plan C1

Pays berbère (Visite 12 - p. 80)

TERRE DES ÉTOILES
Écolodge (70) Carte des environs

Si vous n'avez pas l'occasion de dormir dans ce lodge (voir p. 193) installé en plein cœur du désert d'Agafay, vous pouvez quand même venir y déjeuner sous la tente ou y dîner sous les étoiles. La cuisine berbère est amoureusement concoctée avec les produits du jardin, où la permaculture règne en maître : couscous, tagine aux fèves, poulet au citron, grillades… Soirées

Terre des Étoiles

d'observation de la voûte céleste au télescope deux samedis par mois.
Camp Lodge Agafay, km 25, commune d'Agafay • ☎ 05 24 44 73 75 ou 06 61 59 11 50 • www.terredesetoiles.fr • Déjeuner : 250 Dh ; dîner : 350 Dh.

VOIR AUSSI :

Relais du Lac, Le Flouka | p. 83 | ⑦① Carte des environs

Al Maqam | p. 85 | ⑦② Carte des environs

La vallée de l'Ourika (Visite 13 – p. 86)

RESTAURANTS DE L'OUED DE L'OURIKA

⑦③ Carte des environs

Quand le temps le permet, le lit de l'Ourika s'égaye d'une multitude de tables et de chaises en plastique multicolores. Elles appartiennent aux petits restaurants qui pullulent sur les berges de l'oued entre les villages d'Aghbalou et de Setti Fatma. On y mange des tagines cuits au feu de bois, les pieds littéralement… dans l'eau quand le courant n'est pas trop fort.
Entre Aghbalou et Setti Fatma.

LA MURAILLE DE L'OURIKA

Traditionnel ⑦④ Carte des environs

C'est pour ses grillades au feu de bois ou ses tagines cuits dans les plats de terre à même la braise qu'on s'arrête dans ce restaurant situé en surplomb de la route. Depuis la terrasse, la vue embrasse toute la vallée et le moutonnement de ses frondaisons. En dehors des heures de repas, on vous servira des crêpes, des glaces et même des omelettes.
Route de l'Ourika, juste après l'embranchement pour Tahanaout et Aït Ourir • ☎ 05 24 48 20 25 • www.muraille-ourika.com • T.l.j. 9h-23h • Entrées : 14-49 Dh ; tagines : 95-99 Dh les moyens, 169-179 Dh les grands.

VOIR AUSSI :

Le Paradis du Safran | p. 88 | ⑦⑤ Carte des environs

Sidi Ghanem (p. 170)

LE ZINC
Bistrot français Plan p. 170

Aux fourneaux Damien Durand – un ancien de chez Robuchon, Ducasse et Pierre Hermé – concocte une cuisine française de qualité que les créateurs du quartier viennent déguster dans une ambiance brasserie des plus sympathiques. On fait son choix sur un menu à l'ardoise qui change quotidiennement et flirte avec tous les produits frais du marché : salade de foies de volaille caramélisés, croustillant de loup de mer et sa crème de laitue aux palourdes, pièce de bœuf à la plancha...

517, av. principale de Sidi Ghanem • ☎ 05 24 33 59 69 • www.durand-traiteur.com/lezinc.html • Lun.-sam. pour le déjeuner, jeu.-ven. pour le dîner • Entrées : 60 Dh; plats : 95 Dh; menu complet : 185 Dh.

LE FIGUIER
Cantine gastronomique Plan p. 170

Le pari de la maison ? Vous régaler d'une cuisine fraîcheur conçue par le chef Benoît Pépin (ancien de la très sélecte Kasbah Tamadot de Richard Bronson) à moins de 100 Dh ! Mission accomplie avec ses salades originales et ses risottos de lentilles à la crème de Normandie. À déguster dans un cadre aussi charmant que convivial sous les frondaisons d'un beau... figuier !

61, rue principale; à l'intérieur de l'Emerging Business Factory • ☎ 06 61 35 08 08 • Lun.-sam. 8h-16h.

Le Figuier

Thé et pâtisseries

Sucré, parfumé et désaltérant, le thé à la menthe fait son apparition au Maroc vers le milieu du XIXᵉ s. Qu'il soit bu sous la tente en plein désert ou dans un salon d'apparat, il est le dénominateur commun à toutes les régions et à toutes les couches de la société, la véritable boisson nationale.

UN SYMBOLE D'HOSPITALITÉ

Premier geste d'hospitalité de toute famille marocaine, **le thé à la menthe est incontournable** et ne peut en aucun cas se refuser chez l'habitant. Il est en outre de bon ton d'accepter deux et même trois verres consécutifs pour ne pas offenser ses hôtes. On peut néanmoins décliner l'invitation dans les échoppes des souks.

Al Jawda

Pour prolonger l'enchantement du séjour et ravir les papilles de ceux qui n'étaient pas du voyage, pourquoi ne pas rapporter quelques gourmandises sucrées ? Concoctés selon la plus pure tradition marocaine, les cornes de gazelle (160-200 Dh/kg), briouats, macarons à la cannelle, *fekka* et pastillas au pigeon (50 Dh) vendus dans cette petite boutique du Guéliz comptent parmi les meilleurs de la ville. Si vous voulez rapporter le cadeau idéal : les plateaux de gâteaux assortis peuvent être préparés à la demande et soigneusement emballés pour supporter le retour en avion.

11, rue de la Liberté (Plan B2) • ☎ 05 24 43 38 97 • www.al-jawda.com • Lun.-sam. 8h-20h30, dim. 8h-18h.

UN RITUEL IMMUABLE

Le thé à la menthe se prépare **dans une théière ventrue à long bec.** On y jette quelques pincées de thé vert qui sont tout d'abord rincées à l'eau bouillante : un geste qui les débarrasse de leurs impuretés et en diminue l'amertume. Le sucre et la menthe fraîche en branches sont ensuite ajoutés et recouverts d'eau bouillante à leur tour. Les puristes placent alors la théière quelques minutes sur le feu pour caraméliser le thé, les autres se contentent de laisser infuser un moment avant de servir.

L'ART DE SERVIR

Des **gestes simples mais précis** président à cette cérémonie. Le contenu du premier verre doit être impérativement reversé dans la théière pour permettre un bon mélange des saveurs. Soulever la

théière très haut pour servir permet l'oxygénation et le refroidissement du thé. Les verres ne seront remplis qu'à moitié pour éviter aux convives de se brûler les doigts.

À RAPPORTER

Le thé à la menthe se boit dans de **petits verres étroits.** Ordinaires ou en cristal, ils sont **toujours décorés, peints ou filigranés.** En nombre supérieur à celui des convives pour ne pas manquer d'honorer un invité surgi à l'improviste, ils sont disposés sur un plateau rond en cuivre ou en laiton délicatement ouvragé. Des trépieds en bois sculpté permettent d'installer le plateau à l'emplacement désiré. Les théières au chapeau pointu en simple fer-blanc, en cuivre ou en argent damasquiné existent dans toutes les tailles.

LES CAFÉS

Traditionnellement réservés aux hommes qui se réunissent autour d'un thé ou d'un café pour fumer et palabrer durant des heures, les cafés de Marrakech, avec leurs tables disposées sur les trottoirs, accueillent aujourd'hui de nombreuses femmes. Mais ce phénomène disparaît dès lors qu'on pénètre dans les quartiers populaires. L'affluence des touristes et la modernisation de la ville ont engendré une multiplication considérable des cafés et salons de thé, qui permettent dorénavant à la jeunesse marrakchie de se réunir en toute liberté. Outre les sodas, cafés, jus de fruit ou thés à la menthe servis au verre ou dans des théières individuelles, on peut y trouver des pâtisseries marocaines, des viennoiseries et parfois même des glaces.

DÉLICES D'ORIENT

Principalement à base de pâte d'amandes, de noix, de miel et de sésame, les pâtisseries marocaines accompagnent à merveille le thé à la menthe. La ***chabakiya,*** spirale de pâte frite enrobée de miel et saupoudrée de sésame, est le gâteau traditionnel du ramadan. Les fameuses **cornes de gazelle** fourrées de pâte d'amandes, les ***fekka*** à la crème fraîche, les **briouats** au miel ou aux amandes parfumés à la fleur d'oranger, les macarons à la cannelle, sont autant de douceurs qui s'amoncellent dans les boulangeries de Marrakech en attente des gourmands de passage.

Les plaisirs de la table

Parfumée et colorée, la cuisine marocaine offre une infinie variété de saveurs. Son originalité et sa finesse lui ont valu sa réputation mondiale. Cuisine des grands jours ou cuisine modeste, elle reste presque exclusivement une affaire de femmes.

LA MAGIE DES ÉPICES OU SAVEURS D'ORIENT

Le secret des cuisinières marocaines ? Le subtil mariage des épices : cumin, safran, curcuma, gingembre, paprika, cardamome, badiane, anis vert et tant d'autres encore sont utilisés quotidiennement. On les achète en vrac sur les marchés à des prix bien moins élevés qu'en Europe. Le **ras el-hanout**, traduire « tête de la boutique », est un savant mélange d'une dizaine d'épices qui parfument divinement les plats de viande et de légumes.

S'initier aux secrets de la cuisine marocaine

À deux pas de la place Jemaa el-Fna, l'hôtel Riad Monceau organise des ateliers de cuisine pour se familiariser avec le mariage des épices, maîtriser la cuisson d'un tagine, apprendre à plier des feuilles de brick ou à confectionner des cornes de gazelle et autres douceurs au miel et aux amandes. Les séances s'achèvent dans un cadre féerique par la dégustation des mets préparés.

Riad Monceau : 63, derb Jamaa, Riad Zitoun el-Kdim (Plan E3)
• ☎ 05 24 42 96 46
• www.riad-monceau.com
• Ateliers salés : 10h30-14h, 500 Dh/pers. ; ateliers sucrés : 15h30-17h30, 350 Dh/pers.
• Résa en ligne ou directement auprès du riad.

SUCRÉ-SALÉ

Délicate alliance des contrastes, cette combinaison est un des fleurons de la gastronomie locale. Elle préside à la saveur de la **pastilla** - gâteau de feuilles de brick farci aux amandes et au pigeon -, à celle des **tagines** aux pruneaux, abricots, coings, poires ou dattes, aux **salades de carottes à l'orange,** de tomates confites, de patates douces, et à la ***tfeya,*** un mélange d'oignons confits et de raisins secs.

LA GRAINE PROVIDENTIELLE

Parfumé mais jamais piquant, le **couscous marocain** varie selon les régions. D'orge, de seigle ou de semoule de maïs, il se prépare souvent avec du mouton, du bœuf ou du poulet mais peut aussi s'accompagner de poisson dans les régions côtières. La ***seffa,*** graine de couscous servie en fin de repas saupoudrée de cannelle et de sucre glace, est un délice à ne pas manquer.

LE TAGINE

Le mot désigne à la fois le plat rond en terre cuite coiffé de son chapeau conique et le mets qu'il contient. Les tagines sont de loin la spécialité la plus répandue au Maroc et se déclinent à l'infini avec toutes sortes de viandes, poissons, fruits et légumes. Le secret de leur saveur : une lente cuisson sur les braises, de moins en moins respectée dans les établissements touristiques.

LA *TANGIA MARRAKCHIA*

À base de viande de mouton et d'épices, c'était le plat de prédilection des étudiants de la medersa (voir p. 42), car économique et de préparation rapide. La ***tangia*** est un pot en terre pansu, où l'on jetait pêle-mêle les ingrédients avant de le déposer à cuire une nuit entière dans le four du boulanger. Cette recette ancestrale est revenue à la mode et se décline aujourd'hui avec de la viande de dromadaire.

MANGER SUR LE POUCE

De nombreux petits restaurants sans prétention proposent de délicieuses **grillades.** Cuites à la demande sur des ***canoun,*** braseros métalliques ou en terre cuite, les ***kefta,*** boulettes de viande hachée parfumée, et les brochettes marinées de bœuf, d'agneau ou d'abats sont toujours accompagnées de la fameuse « salade marocaine » (constituée de tomates épluchées, de concombres et d'oignons, coupés en minuscules morceaux et relevés de cumin). *Kefta* et brochettes peuvent être servies dans une assiette ou directement dans une demi-*kesra*, pain rond cuit au feu de bois.

LES GRANDES OCCASIONS

Le **couscous** mangé tous les vendredis par l'ensemble de la population est aussi le plat servi pour honorer un visiteur. Le méchoui, mouton entier rôti, célèbre les mariages et les naissances. La ***mrouzia***, viande sucrée aux oignons, raisins secs et amandes, se prépare le jour de l'Aïd el-Kebir, la fête du Mouton. La ***harira,*** soupe épaisse à base de légumes secs, sert à rompre le jeûne quotidien du ramadan. Le ***sellou,*** gâteau à base de farine de blé, de graines de sésame et d'amandes, redonne des forces à la jeune accouchée.

Bars, clubs & sorties

PAR QUARTIER

Les coups de cœur DE NOTRE AUTEUR

Les nuits de Marrakech en étonneront plus d'un ! Bars à vins, restaurants-cabarets, discothèques, casinos... chacun trouvera une façon d'illuminer ses soirées et ses nuits. Nathalie vous dévoile ses adresses préférées.

LE CHURCHILL

Je ne me lasse pas de son petit cachet années folles, délicieusement glamour, et de ses divins cocktails au nom de stars. Voir p. 127.

LE POINTBAR

Mon quartier général, où je donne rendez-vous aux amis avant de sortir dîner. Voir p. 131.

Le Churchill

Le 68

LE 68

Un bistrot que j'affectionne tout particulièrement pour son atmosphère conviviale et sa sélection de vins au verre. Voir p. 130.

LE BAROMÈTRE

Je craque pour ses cocktails extravagants et son petit air de bar clandestin. Voir p. 131.

L'ENVERS

Soirée décoiffante garantie dans ce bar décalé où je suis sûre d'oublier tous mes tracas. Voir p. 131.

À SAVOIR

LES QUARTIERS DE LA NUIT

Hauts lieux des nuits marrakchies, les quartiers qui s'étendent aux abords de **Bab el-Jdid** (Plan D3-4) et le long de l'**avenue Mohammed-VI** (Plan B2-3/C4), spécialement dans la **zone touristique de l'Agdal** (Hors plan par C-D5), regorgent de discothèques et de clubs qui n'ont rien à envier à leurs homologues européens. La plupart des boîtes de nuit sont situées dans les hôtels de la ville, mais aussi dans ceux de la **palmeraie.** Les bars à apéro se sont aussi multipliés, surtout dans le **Guéliz** (Plan B1-2/C1-2).

DANSER JUSQU'AU BOUT DE LA NUIT

La vie nocturne s'est beaucoup développée depuis que Marrakech est devenue une destination prisée par la jet-set internationale. Bars lounge, clubs et discothèques, peu fréquentés en début de semaine, se remplissent à l'arrivée du week-end. La clientèle y est alors jeune, et la musique confiée à des DJ réputés. Il est facile de s'y rendre car tous les chauffeurs de taxi (ou presque) connaissent leur emplacement. **Les boîtes de nuit s'animent à partir de 1h du matin et ne ferment pas leurs portes avant l'aube en cas d'affluence.**

DÎNER-SPECTACLE

Cette formule, très répandue à Marrakech, est à consommer avec circonspection. Les revues « cabaret », latinos ou jazzy des restaurants-clubs peuvent être de bon niveau, mais il vaut mieux éviter les dîners-spectacles des restaurants traditionnels marocains. Ces derniers se contentent généralement de faire venir des musiciens et danseuses du ventre qui se promènent entre les tables de façon un peu provocante. D'une part, la danse orientale n'est pas une tradition locale, d'autre part, la qualité de la cuisine est médiocre. Leur clientèle est d'ailleurs le plus souvent constituée de groupes de touristes à peine descendus du car. Si vous aimez en prendre plein les mirettes, reportez-vous à notre top des clubs à spectacles p. 132.

SE REPÉRER

Chaque adresse de lieu de sortie est associée à une pastille violette numérotée. Vous retrouverez toutes les adresses positionnées sur le plan détachable.

Bars, clubs & sorties PAR QUARTIER

Autour de la Koutoubia (Quartier 2 - p. 28)

LE GRAND CASINO
Jeux d'argent ① Plan D3-4

La salle des 140 machines à sous est en accès libre à partir de 15h (14h ven.-dim. et j.f.). Dans la grande salle, vous trouverez une vingtaine de tables de roulette américaine, roulette cyclop, blackjack, poker... Elle ouvre ses portes tous les jours à 19h. Veste, cravate et chaussures correctes sont bien sûr de rigueur. Si vous n'êtes pas amateur de jeux d'argent, rien ne vous empêche d'aller y prendre un verre pour partager l'adrénaline des joueurs !

Hôtel Mamounia, Bab el-Jdid

- ☎ 05 24 44 45 70
- www.grandcasinomamounia.com
- Ferme à 8h.

LE CHURCHILL
Piano-bar ② Plan D3-4

Éclairages tamisés, cuirs capitonnés, fauteuils léopard, boiseries lustrées... Ce bar chargé d'histoire cultive avec bonheur son atmosphère années 1930. En début ou en fin de soirée, on vient y écouter un pianiste et une chanteuse de jazz (t.l.j. sf dim.) en sirotant un cocktail réalisé à la perfection. Attention, pour ne pas détonner dans ce cadre raffiné,

Le Churchill

Notre top
POUR BOIRE L'APÉRO

Pour reposer ses petons après une exploration de la ville ou se mettre en condition avant une folle nuit marrakchie, rien de tel qu'un apéritif en plein air !

LA TERRASSE DU CAFÉ ARABE

Pour tutoyer les cimes enneigées de l'Atlas dans la lumière du soleil couchant, un verre de vin à la main ! Voir p. 129, **Mouassine.**

Le Café Arabe

LE LAWRENCE BAR

Ambiance feutrée et lumière tamisée pour un apéritif en amoureux. Voir p. 135, **Hivernage.**

LE BAB SKY

Un rooftop branché où côtoyer la jeunesse dorée de Marrakech. Voir p. 131, **Guéliz.**

Bab Sky

LE GRAND CAFÉ DE LA POSTE

Étape incontournable pour goûter à l'inimitable atmosphère coloniale chic de Marrakech au début du XXe s. Voir p. 130, **Guéliz.**

LA TERRASSE DU KECHMARA

Pour une pause reconstituante après une séance shopping au Guéliz ! Voir p. 70, **Guéliz.**

une tenue correcte est exigée (pas de tongs, de tennis, de shorts...). **Hôtel Mamounia, Bab el-Jdid • ☎ 05 24 38 86 00 • www.mamounia.com • T.l.j. 18h-1h. • Cocktails : à partir de 150 Dh.**

Le quartier Mouassine (Quartier 3 - p. 36)

LE CAFÉ ARABE
Italo-marocain ③ Plan G7

Un endroit de rêve pour un apéritif romantique (bière, vin, cocktails) sur la terrasse, avec coucher de soleil et cimes enneigées de l'Atlas comme toile de fond, ou dans le patio arboré du rez-de-chaussée. La maison fait aussi restaurant (tagines aux abricots, *tangia* de bœuf, spaghettis à l'ail et au piment, espadon à la sicilienne), et met deux chambres et une mini-suite superbement décorées à la disposition des voyageurs. **184, rue Mouassine • ☎ 05 24 42 97 28 • www.cafearabe.com • T.l.j. 10h-minuit ; repas servis de 12h à 22h30 • Repas hors boisson : 300 Dh • Alcool.**

Le Mellah (Quartier 7 - p. 58)

LE KOSYBAR
Bar ④ Plan E4

Un endroit parfait pour se désaltérer d'une bière glacée, confortablement installé sur une banquette du rooftop avec vue plongeante sur la place des Ferblantiers, ou déguster un cocktail en fin de soirée dans l'ambiance feutrée du rez-de-chaussée. Soirées musicales régulières. **47, place des Ferblantiers • ☎ 05 24 38 03 24 • www.kosybar.com • T.l.j. 11h-1h.**

La kasbah (Quartier 8 - p. 62)

VOIR LA PAUSE :

Café Clock | p. 67 | ⑤ Plan E5

Le Guéliz (Quartier 9 - p. 68)

LE AZAR
Club libanais ⑥ Plan B2

Un cadre rutilant de cuivres et d'étoffes cramoisies pour ce club aménagé en mezzanine au-dessus d'un élégant restaurant à la cuisine 100 % beyrouthine. Les cocktails y sont aussi sophistiqués que les parfums des chichas disponibles. En soirée, des musiciens traditionnels et des danseuses du ventre se relaient pour assurer l'ambiance. DJ les vendredis et samedis.

11, rue de Yougoslavie • ☎ 05 24 43 09 20 • www.azarmarrakech.com • T.l.j. à partir de 19h • Cocktails : 75-150 Dh.

LE GRAND CAFÉ DE LA POSTE
Café-restaurant ⑦ Plan B2

Cet ancien bar mythique du protectorat, où le maréchal Lyautey et le peintre Jacques Majorelle avaient leurs habitudes, a été entièrement rénové dans l'esprit Art déco. Son style colonial chic parfaitement restitué en a fait un des endroits les plus branchés de Marrakech. L'idéal : s'imprégner de son atmosphère élégante et décontractée lors d'un petit déjeuner, d'un apéritif accompagné de minicanapés à partir de 18h ou d'un digestif pour clore une parfaite soirée marrakchie.

Angle bd el-Mansour Eddahbi et av. Iman Malik • ☎ 05 24 43 30 38 • T.l.j. 8h-1h • Cocktails : à partir de 90 Dh.

LE 68
Bar à vins ⑧ Plan B-C2

Bonne humeur et convivialité sont les deux mamelles de cette adresse de quartier mi-troquet parisien mi-pub londonien, où vous attend une carte façon bistrot français (huîtres, terrines, quiches, tartines, assiettes de charcuterie et de fromage...) agrémentée des créations du chef et une belle

Le 68

sélection de vins internationaux servis au verre ou à la bouteille.
68, rue de la Liberté • ☎ 05 24 44 97 42 • www.le-68.com • T.l.j. 17h-2h • Bouteilles de vin : à partir de 160 Dh.

LE BAROMÈTRE
Bar ⑨ Plan B2

Un charmant petit air de clandestinité pour ce bar souterrain, qui se dévoile au pied d'une volée de marches signalée dans la rue par un simple « B » en métal. Une pseudo-discrétion qui cache en réalité un des bars les plus branchés de la ville. Mention spéciale pour ses cocktails, aussi créatifs que délicieux ! Si vous avez pensé à réserver, vous pourrez continuer la soirée dans le restaurant de cuisine méditerranéenne accolé.
Rue Moulay Ali • ☎ 05 24 37 90 12 • T.l.j. sf dim. 18h30-1h • Cocktails : 110-190 Dh.

L'ENVERS
Bar à vins ⑩ Plan B1

Du street art sur les murs, de la musique *chill* en début de soirée et du bon son électro après 22h, de la bière bien fraîche ou du vin au verre et, dans l'assiette, ou plutôt sur la planche, une sélection de délicieuse *finger food* à petits prix : tel est le concept de ce petit bar au charme underground, où l'ambiance décoiffe littéralement ! Le plus : l'accueil vraiment chaleureux !
29, rue Ibn Aicha • ☎ 06 62 55 24 78 • www.lenvers.ma • T.l.j. 17h-2h ; happy hour : 17h-20h (bières 20-40 Dh, verre de vin 25-35 Dh) • Planches : 30-60 Dh ; bagels : 40-60 Dh ; tartines : 20-30 Dh.

LE POINTBAR
Bar à tapas ⑪ Plan B1

Avec ses salons design et son agréable jardin où sont répartis fauteuils et banquettes basses, ce bar à cocktails est l'un des rendez-vous les plus prisés du Guéliz. Tranquille à l'heure de l'apéritif, l'ambiance s'échauffe en cours de soirée avec DJ ou chanteurs. Les mojitos sont bien dosés et les tapas particulièrement variées : *patatas bravas*, anchois marinés, croustillant de poulet, crevettes sautées à l'ail, calamars frits... Nombreux matchs de ballon rond et ovale retransmis.
3 bis, rue Abou Hayane Taouhidi • ☎ 05 24 43 30 40 ou 06 00 01 50 10 • www.pointbarmarrakech.com • T.l.j. 18h-2h • Tapas : 30-95 Dh ; cocktails : 70-100 Dh ; formule 6 bières ou 1 bouteille de vin + 6 tapas : à partir de 350 Dh.

LE BAB SKY
Lounge bar ⑫ Plan B2

Perché au 6e étage sur les toits du Bab – cet hôtel design où le blanc et l'épure dominent en maîtres –, le Bab Sky est une étape agréable lors d'une visite du Guéliz. Banquettes immaculées et voilures blanches en guise de parasols : un endroit où se dévoile le visage chic et branché de la ville. On y vient pour déjeuner, mais surtout à l'heure de l'apéritif

Notre top des CLUBS À SPECTACLE

La tradition des dîners-spectacles s'est rapidement diffusée à Marrakech. Colorés, langoureux, acrobatiques, musicaux, il y en a pour tous les goûts.

LE BLOKK

Le plus jazzy de tous pour une séquence émotion grâce aux grands classiques réinterprétés avec talent. Voir p. 137, **Hors visites**.

L'ÉPICURIEN

Aussi entraînant que réjouissant, le spectacle ressuscite les meilleurs moments de la musique depuis le grand Miles ! Voir p. 135, **Hivernage.**

Le Lotus Club

Le Jad Mahal

LE LOTUS CLUB

Un petit air de revue parisienne pour les tableaux de ce club dont le succès ne s'est jamais démenti. Voir p. 134, **Hivernage.**

LE JAD MAHAL

Musiciens, chanteurs, danseuses, acrobates, cracheurs de feu... rien ne manque pour enflammer l'ambiance. Voir p. 134, **Hivernage.**

LE BUDDHA BAR

Un mariage de cultures grâce à des troupes de danseuses indiennes, marocaines, anglaises... et un *live band* qui met le feu aux planches pour danser jusqu'à l'aube. Voir p. 136, **Hivernage.**

Spécial cinéphiles

Les cinéphiles non polyglottes seront ravis d'apprendre que la plupart des films diffusés sur les écrans de Marrakech sont en VF. Le choix du cinéma dépend de l'intérêt que vous portez au film. Si vous désirez le voir dans son intégralité et ne pas rencontrer de soucis de projection, optez pour le **Colisée** (bd Mohammed Zerktouni, B2 ; programme au ☎ 05 24 44 88 93 ; 25-35 Dh selon les séances et les fauteuils ; séances en VO le w.-e. à 19h) ou pour une des neuf salles du **Mégarama** (800, av. du 7e Art, zone touristique de l'Agdal, HP par E5 ; programme au ☎ 0890 10 20 20 ; www.marrakech.megarama.ma ; 45-65 Dh selon les séances).

pour siroter un cocktail tout en picorant des tapas, ou plus tard dans la soirée, quand DJ résident ou *live band* prennent le relais.

Angle bd el-Mansour Eddahbi et rue Mohammed el-Beqal • ☎ 05 24 43 52 50 • http://babhotelmarrakech.ma • T.l.j. 10h-22h ; happy hour : 19h-21h • Cocktails : à partir de 110 Dh.

VOIR AUSSI :

Kechmara | p. 70
| ⑬ Plan B2

L'Hivernage (Quartier 10 – p. 72)

LE CANTOBAR
Restaurant musical
⑭ Plan C3

Ambiance chaleureuse et animée pour ce restaurant de cuisine orientale et internationale tout habillé de rouge et noir. Parallèlement aux soirées *live* ou salsa, un karaoké international (français, anglais, arabe) donne quotidiennement l'occasion aux artistes en herbe d'exercer leur talent. Possibilité de dîner ou de grignoter des tapas en sirotant un verre au bar.

38-39, av. Moulay el-Hassan • ☎ 05 24 43 33 50 • www.cantobar-marrakech.net • T.l.j. 19h-5h • Tapas : 25-80 Dh ; plats : 70-140 Dh.

LE DJELLABAR
Club ⑮ Plan C3

Un cadre kitschissime pour cette ancienne salle de mariage relookée en version pop orientale ! Esquivez le repas sans grand intérêt et préférez l'ambiance de la soirée qui s'anime vers 23h30 avec l'arrivée des danseuses du ventre.

2, rue Abou Hanifa • ☎ 05 24 42 12 42 • T.l.j. 19h-3h • Cocktails : 120-150 Dh.

Le Lotus Club

LE LOTUS CLUB
Cabaret ⑯ Plan C3

Une villa des années 1930 sert de cadre à ce complexe qui accueille un restaurant chic où se mêlent Art déco, verreries de Murano et mobilier Bugatti, mais aussi un lounge bar où savourer *finger food* et cocktails colorés. Tous les soirs, à l'exception du lundi, les cinq danseuses résidentes du club mettent le feu aux planches dans leurs légères tenues pailletées.

Rue Ahmed Chaouqi • ☎ 05 24 42 17 36 ou 06 61 24 92 50 • www.lotusclubmarrakech.com • T.l.j. 19h30-3h • Cocktail avec alcool : 90-140 Dh.

LE COMPTOIR DARNA
Restaurant, club ⑰ Plan C3

Deux atmosphères différentes pour cet établissement qui fait partie des hauts lieux de la Movida marrakchie. Un restaurant de cuisine du monde aux tons chauds et, pour prolonger la soirée, en haut du majestueux escalier, un club où se produisent danseuses orientales, musiciens traditionnels et DJ de renom (DJ K'Lid, DJ Mar1...). Le week-end, des artistes de cabarets enflamment la piste au milieu des danseurs ! Tenue correcte de mise (pas de chaussures de randonnée, de bermuda ou de sandales pour les hommes...).

Av. Echouhada • ☎ 05 24 43 77 02 • www.comptoirmarrakech.com • Resto : t.l.j. 20h-1h ; plats : 120-190 Dh • Club : t.l.j. 20h-3h ; cocktails : 120-150 Dh • Résa obligatoire pour le restaurant.

LE JAD MAHAL
Dîner-spectacle ⑱ Plan D3

Mêlant le raffinement des palais marocains et indiens, le restaurant se déploie autour d'un beau patio arboré, semé de fontaines et bassins. Dans l'assiette, une cuisine fusion qui s'inspire des traditions marocaine, française et thaïlandaise. Et sous vos yeux, un spectacle qui voit se succéder cracheurs de feu, acrobates et danseuses du ventre. Les mêmes artistes se produisent ensuite au lounge bar, où chaque soir à partir de 23h30 un *live band* égrène des tubes des années 1980 à nos jours.

10, rue Haroun Errachid • ☎ 05 24 43 69 84 • www.palaisjadmahal-marrakech.com • Resto : t.l.j. 19h30-minuit ; menu : 550 Dh • Lounge bar : t.l.j. 19h30 jusqu'au derneir client ; cocktails : 130-250 Dh.

LE LAWRENCE BAR
Lounge bar ⑲ Plan C3

Un bar avec terrasse panoramique où prendre un verre en début de soirée tout en admirant la lumière du soleil couchant sur les jardins de l'hôtel. Tous les mercredis, à partir de 20h, ambiance glamour au cours des soirées « Madame à Marrakech ». Ces dames auront le droit à un cocktail gratuit à base de Martini sur fond sonore live de jazz, soul et blues.
Hôtel Sofitel, rue Haroun Errachid • ☎ 05 24 42 56 00 • T.l.j. 19h-1h • Cocktails : 120-180 Dh.

LE SO LOUNGE
Bar, restaurant, club ⑳ Plan C3

Quatre ambiances différentes pour ce club installé dans les jardins du Sofitel, qui compte parmi les plus branchés de la Ville rouge. Le So Zen, pour les adeptes de la discrétion qui dégusteront leurs cocktails dans des loges privatisées ; le So Good, restaurant marocain avec animations et spectacles ; le So Nice, bar avec terrasse extérieure sans alcool ; et enfin le So Fun, la discothèque où le gratin de Marrakech vient se déhancher sur fond de musique live ou sur les mix de célèbres DJ. Le plus : les excellents cocktails, avec alcool ceux-là…
Hôtel Sofitel, rue Haroun Errachid • ☎ 05 24 42 56 10 ou 06 56 51 50 09 (résa) • Restaurant : t.l.j. à partir de 19h ; club : t.l.j. minuit-4h30 • Cocktails : 120-160 Dh.

LE THEATRO
Night-club ㉑ Plan C3

Devenu un lieu branché et très couru des nuits marrakchies, le Theatro a conservé les volumes et le cachet 1940 de l'ancien cabaret qu'il était. Entre soirées à thème, clubbing et DJ venus des quatre coins du monde, l'ambiance est toujours au rendez-vous. Bulles translucides semblant tomber du plafond, totems stylisés en aluminium et éclairages rose orangé diffus créent une atmosphère tout à la fois électrique et chaleureuse.
Av. el-Qadissia, à côté du casino de l'hôtel Es-Saadi • ☎ 05 24 44 88 11 ou 06 64 86 03 39 (pendant les heures d'ouverture) • www.theatromarrakech.com • T.l.j. 23h30-5h • Entrée avec conso : 200 Dh en semaine, 300 Dh le w.-e.

L'ÉPICURIEN
Cabaret ㉒ Plan C3

Dans une atmosphère très années 1950, à la lueur des lustres de cristal, le dîner-spectacle du restaurant-lounge du casino de l'hôtel Es-Saadi voit se succéder les musiciens, crooners et rockers du groupe The Kech Experience. Leur répertoire va de Miles Davis à Michael Jackson en passant par Marvin Gaye, Sonny Rollins, Stevie Wonder, The Pointer Sisters, The Roots... Possibilité d'assister au spectacle depuis le bar avec un cocktail.

Casino de l'hôtel Es-Saadi, rue Ibrahim el-Mazini • ☎ 06 63 05 57 04 • T.l.j. 20h-4h ; *Live band* : mer.-dim. à partir de 20h30 • Entrées : 90-140 Dh ; plats : 150-320 Dh.

LE BUDDHA BAR
Restaurant, club ㉓ Plan C4

Parfums d'Asie, touches exotiques ou contemporaines, décor opulent et grandiose, les 1 500 m² du célèbre club où vous serez, comme il se doit, accueilli par un bouddha géant, marient avec bonheur les cultures. Et ce, jusque dans l'assiette où un chef indien explore les diverses saveurs du Pacifique et de l'Occident. Côté club, des spectacles à thèmes avec danseuses du monde, acrobates et concerts aux sonorités électro-ethniques pour finir la soirée sur la piste.

Av. du Prince Moulay Rachid • ☎ 05 24 45 93 00 • www.buddhabarmarrakech.com • T.l.j. 20h-3h • Entrées : 95-225 Dh ; woks : 180-260 Dh ; grillades : 250-420 Dh • Résa conseillée.

Le casino du Saadi

LE CASINO DU SAADI
Jeux d'argent ㉔ Plan C3-4

Inauguré en 1952, ce casino fut le tout premier du pays ! Sa rénovation au début des années 2000 a préservé son cachet d'époque qui le rend si séduisant. Si ses 180 machines à sous et ses tables de roulette et de black-jack y attirent de nombreux joueurs, il est surtout réputé pour sa *poker room*, où s'affrontent de grands noms de la scène internationale.

Hôtel Es-Saadi, rue Ibrahim el-Mazini • ☎ 06 60 21 08 06 (casino) ou 06 74 92 38 96 (*poker room*) • www.poker-marrakech.com • Machines à sous : t.l.j. 14h-5h ; jeux traditionnels : t.l.j. 20h-5h ; *poker room* : dim.-jeu. 18h-8h, ven.-sam. 18h30-10h ; terrasse du casino : t.l.j. 20h-4h.

Hors visites

LE BLOKK
Cabaret ㉕ HP par E1

Ambiance détendue pour ce restaurant-spectacle au concept franchement original. Dans l'assiette, un panaché de cuisines internationale, marocaine et japonaise, et sur scène, une succession de portraits d'artistes (Barry White, Louis Armstrong, Ray Charles, Ella Fitzgerald...). Ici, jazz et blues sont donc à l'honneur, sans pour autant fermer la porte aux rythmes funk, pop ou orientaux.

Sakar, propriété Farah, route des Jardins de la Palmeraie • ☎ 06 74 33 43 34 • www.leblokk.com • T.l.j. 20h-2h • Menus entrée, plat, dessert : à partir de 270 Dh.

FUEGO LATINO
Cabaret ㉖ HP par E1

Ambiance carnaval de Rio assurée dans ce restaurant qui propose la traditionnelle formule du *churrasco* brésilien, une farandole de grillades de viande et de poisson à consommer à volonté au son de rythmes latinos. Et pour compléter le tableau, un spectacle haut en couleur avec des danseuses de samba professionnelles en costume de lumière.

Circuit de la Palmeraie, Palmeraie Resorts • ☎ 06 19 27 29 45 • www.palmeraieresorts.com/fr/food/fuego-latino • T.l.j. 20h30-2h • Dîner-spectacle : 420 Dh hors boisson.

555 FAMOUS CLUB
Night-club ㉗ HP par C-D5

Des DJ à domicile qui remixent des tubes récents et anciens, une ambiance électro, R'n'B, house, *afrobeats*... Bref, il y en a pour (presque) tous les goûts dans cette boîte équipée de dalles vidéo et de lasers créant des jeux de lumière hallucinants.

Hôtel Ushuaia Clubbing, av. Mohammed-VI, zone tourisique de l'Agdal • ☎ 06 78 18 10 85 • T.l.j. 23h-5h • Entrée : 200 Dh ; conso gratuite pour les filles.

LE BÔ-ZIN
Restaurant-lounge bar ㉘ HP par C-D5

Le succès du Bô-Zin ne se dément pas depuis plusieurs années. Bien au contraire : ce restaurant-lounge bar est devenu l'un des plus courus de Marrakech, et les people sont loin d'y être rares. Dans l'atmosphère tamisée et soignée des salons ou dans les îlots du jardin reliés par de petits ponts en bois, on savourera à la lueur des flambeaux une délicieuse cuisine du monde avant d'aller danser au son des platines pilotées par des DJ de renom tous les soirs de la semaine.

Route de l'Ourika, km 3,5 • ☎ 05 24 38 80 12 • www.bo-zin.com • T.l.j. 20h-2h • Entrées : 85-280 Dh ; plats : 170-370 Dh • Plats végétariens et sans gluten.

Boutiques

PAR QUARTIER

Les coups de cœur DE NOTRE AUTEUR

Les tentations sont nombreuses dans le paradis du shopping qu'est devenue Marrakech ! Voici une sélection d'adresses qui font battre le cœur de Nathalie.

SOME SLOW CONCEPT

Un pur bonheur de musarder dans cette villa-boutique et de prendre le temps d'y dégoter un objet original. Voir p. 161.

ART OUARZAZATE

Juste ce qu'il faut de décalé dans cette belle boutique où je craque pour les robes trapèze. Voir p. 155.

DJEANN

Je garnirais volontiers ma maison des sublimes tapis en laine, cuir, chanvre et jean confectionnés ici ! Voir p. 171.

CÔTÉ BOUGIE

Des bougies dont les lignes élégantes, les parfums divins et les halos chatoyants m'ensorcellent. Voir p. 170.

LA GALERIE DES TANNEURS

Un de mes passages obligés à Marrakech pour m'offrir... un énième sac à main ! Voir p. 162.

AZIZ COUTURE

Un atelier où faire réaliser ses modèles préférés dans un beau cuir, pour un prix raisonnable. Voir p. 142.

Art Ouarzazate

À SAVOIR

À QUELLE HEURE FAIRE SES EMPLETTES ?

Les magasins de la ville nouvelle ouvrent généralement **du lundi au samedi de 9h30-10h à 12h30-13h et de 15h-15h30 à 19h30-20h.** Les horaires des échoppes des souks sont nettement plus variables. En théorie, la plupart des commerçants pratiquent la journée continue (de 8h30-9h à 19h30-20h) tous les jours, mais il n'est pas rare de trouver porte close à une heure d'ouverture, en particulier le vendredi, jour de la principale prière, à partir de midi.

LA TRAQUE AUX ÉTIQUETTES

Aucune loi n'oblige les commerçants à afficher les prix en vitrine et il faut souvent pénétrer dans les magasins pour s'en faire une idée. L'étiquetage des articles en boutique, presque systématique au Guéliz, a dorénavant tendance à se répandre aussi dans la médina. Mais attention ! **Les prix indiqués par la grande majorité des commerçants des souks sont gonflés à outrance** de manière à élever au maximum le montant de départ de la négociation.

PETIT GUIDE DE L'ACHETEUR

La règle d'or est de faire ses achats seul, la présence d'un guide ayant pour conséquence une envolée inexorable des prix. Ne vous précipitez pas et testez la résistance des coutures, le bon fonctionnement des fermetures et des charnières. Soyez attentif à la finition des dessins et traquez les brèches des céramiques et les accrocs des tissus. Surtout, **n'oubliez pas que le marchandage est presque une institution dans les souks.** Patience, courtoisie, indifférence présumée, fermeté et sourire sont de mise pour mener à bien une négociation.

SE REPÉRER

Chaque adresse de boutique est associée à une pastille rouge numérotée. Vous retrouverez toutes les adresses positionnées sur le plan détachable.

Boutiques
PAR QUARTIER

La place Jemaa el-Fna (Quartier 1 - p. 24)

AKBAR DELIGHTS
Mode, déco ① Plan G8 et D4

Des tissus en provenance directe d'Inde, cousus et brodés à la main au Maroc, pour un résultat original d'un raffinement exquis : tuniques souples et soyeuses (à partir de 1 650 Dh), pochettes, sacs (à partir de 1 700 Dh) et babouches perlées (à partir de 950 Dh), étoles et coussins en *tousha*, ce mélange moelleux de laine et de pashmina, mais aussi objets design sélectionnés avec soin chez les meilleurs artisans... Le tout dans un écrin de luxe d'à peine 10 m².

45, pl. Bab Fteuh • ☎ 06 71 66 13 07 • www.akbardelightscollections.com • Mar.-dim. 10h-13h et 15h30-19h • Autre boutique à la Mamounia : mer.-lun. 10h-13h et 15h30-19h.

COOPÉRATIVE AL NOUR
Textiles ② Plan G7-8

Une adresse pour faire ses emplettes tout en soutenant une bonne cause : celle d'une coopérative 100 % féminine qui fournit formation, emploi, repas, soins médicaux et garderie d'enfants à des femmes handicapées. De leurs mains expertes naissent toutes sortes de confections en fibres naturelles : linge de table brodé, draps de bain en lin (à partir de 450 Dh) ou en éponge, robes-tuniques en coton ou en soie (500 à 1 500 Dh), sans oublier les gammes pour hommes et enfants.

Rue el-Ksour, derb Moulay el-Ghali • ☎ 05 24 39 03 23 • www.alnour-textiles.com • T.l.j. 9h-30-14h et 15h-19h30.

FOUNDOUK DES VANNIERS
Vannerie ③ Plan H8

La fibre naturelle dans tous ses états ! *Doum* (palmier sauvage), jonc, roseau, palmier-dattier... les artisans ici font feu de tout bois pour confectionner paniers, sacoches, abat-jour, couverts à salade, dessous de plats, planches à découper, chapeaux, tabourets ou guéridons de toutes formes et tailles. Une exploration odorante et hautement séduisante.

Foundouk n° 27, rue derb Dabachi, 1er passage à gauche après le croisement de la rue Kennaria quand on vient de la mosquée el-Quessabine • T.l.j. 9h-19h.

VOIR AUSSI
Souk Ableuh | p. 27 | Plan H8

Autour de la Koutoubia (Quartier 2 - p. 28)

AZIZ COUTURE
Cuir et daim ④ Plan D3

À deux pas de la Koutoubia, dans un appartement transformé en atelier, Aziz reçoit sa clientèle d'habitués ciseaux à la main et se plie à presque toutes ses requêtes. On peut choisir parmi un vaste échantillonnage ou apporter un modèle (veste, pantalon, jupe, blouson...) qui sera reproduit en moins d'une semaine, le tout dans un cuir d'une qualité irréprochable et pour un prix défiant toute concurrence européenne. Une adresse qu'on réserve d'habitude à ses meilleures amies !

Rue Tétouan, immeuble du Consulat, 1er étage, apt. 14 • ☎ 06 62 35 66 30 • Lun.-sam. 9h-13h30 et 15h40-19h30.

L'ART ROYAL DE LA GRAVURE
Travail du cuivre ⑤ Plan D3

Agenouillé sur un tabouret rembourré, Mohammed Essaouissi, armé d'un marteau et d'un poinçon, grave sous vos yeux des plateaux en cuivre de toutes tailles. Ceux de 30 cm de diamètre coûtent environ 130 Dh.

Ensemble artisanal n° 8, rue Ibn Khaldoun, angle av. Mohammed-V • ☎ 06 63 40 26 71 • T.l.j. 9h-18h30.

LA PASSEMENTERIE
Passementier ⑥ Plan D3

Pour mettre un brin de fantaisie dans vos tenues, des ceintures en passementerie (150 Dh)

Aziz Couture

déclinées dans toutes les couleurs (qui ne déteignent pas !). Et pour changer un peu des porte-bonheur brésiliens, pourquoi ne pas opter pour un bracelet (à partir de 15 Dh) ?

Ensemble artisanal n° 5, rue Ibn Khaldoun, angle av. Mohammed-V • ☎ 06 63 09 65 22 • Lun.-sam. 9h-18h ; f. ven. 12h30-15h.

HICHAM LABBANI
Artiste animalier ⑦ Plan D3

Hicham Labbani s'est spécialisé dans la sculpture d'animaux en cuivre ou en laiton (à partir de 40 Dh pour les plus petits). Ses créations originales exposées sur place révèlent une certaine prédilection pour les insectes et les volatiles. Des coqs et des grues de toutes tailles (de 200 à 3 000 Dh), des girouettes en bon ordre de marche, mais aussi des sauterelles et des scorpions, à des prix tout à fait abordables.

Ensemble artisanal n° 15, rue Ibn Khaldoun, angle av. Mohammed-V • ☎ 06 70 22 38 86 • T.l.j. sf dim. 8h-16h.

Le quartier Mouassine (Quartier 3 - p. 36)

ART ET DÉCOR
Zelliges, fer forgé ⑧ Plan G7

Des plateaux de table en zelliges ronds, carrés ou rectangulaires, de toutes les couleurs. Possibilité d'acheter aussi le piètement de table qui va avec. Des prix qui varient selon la complexité des motifs et le diamètre (à partir de 350 Dh).

50, rue Sidi el-Yamani • ☎ 05 24 44 08 72 • Lun.-sam. 9h-20h, parfois plus.

ARTISANAT AL-KOUTOUBIA
Lanternes ⑨ Plan G7

De toutes les formes et de toutes les couleurs, en fer-blanc ou en fer forgé, en cuivre ou en maillechort, en étain torsadé ou ajouré, en peau de chèvre peinte au henné ou ornées de petits carreaux multicolores pour les amateurs de lumière tamisée, les lanternes sont à suspendre, à accrocher en applique ou même à planter dans le sol du jardin. Une gamme de prix à partir de 100 Dh.

Fhel Chidmi, 54 bis, rue Mouassine • ☎ 05 24 35 62 08 • Lun.-sam. 8h-13h et 14h-18h (17h sam.).

BY FAISSAL
Écharpes ⑩ Plan G7

Avis aux nuques frileuses, elles trouveront ici foulards à leur cou ! Et ce, grâce à la passion de Fayssal, dont les ateliers se consacrent exclusivement au tissage manuel d'écharpes en coton, laine, lin ou soie. La gamme est immense, les motifs variés et

Nos concept stores FAVORIS

Le formidable élan créateur qui déferle sur la ville depuis le début des années 2000 a donné naissance à une cascade de concept stores où il fait bon flâner.

SOME SLOW CONCEPT

Avec des ambiances différentes dans chaque pièce et une sélection d'articles douillets, ludiques et élégants, Some est, sans l'ombre d'un doute, le plus cosy des concept stores de la ville ! Voir p. 161, **Guéliz.**

MAX & JAN

Un style urbain contemporain particulièrement séduisant pour le plus grand des concept stores de la ville. Voir p. 151, **Ben Youssef.**

SHTATTO

Le dernier-né et le plus sélect du genre a tout de l'incubateur de talents : stylistes, designers et artistes à la pointe de la création s'y côtoient. Voir p. 153, **Souks.**

CHABI CHIC

Une enseigne qui fait la part belle à l'art de la table et aux contenus des assiettes avec un coin épicerie fine où faire le plein de miels, tisanes et épices. Voir p. 156, **Souks.**

Shtatto

33 MAJORELLE

Pionnier du genre à Marrakech, ce lumineux espace reste une des plus belles vitrines de la création marocaine. Voir p. 77, **Majorelle.**

les coloris délicats, spécialement ceux issus de teintures naturelles. Mention spéciale pour la tiède douceur du mérinos et la souplesse du mélange coton-laine.
119, rue Mouassine • ☎ 06 96 97 20 01
• www.facebook.com/byfaissal
• Lun.-sam. 9h-19h.

HANOUT
Mode ethnique ⑪ Plan G6

Une créatrice formée à la prestigieuse Saint Martin's School de Londres et une inspiration qui mêle tradition orientale et modernité, voilà le secret de cet écrin glamour où les kaftans de soie voisinent avec les robes en coton divinement ajustées (1250 Dh), les blousons en cuir customisés de bijoux berbères et les tuniques en voile de coton (750 Dh) rehaussées d'une sobre touche de passementerie. Une halte incontournable de la Ville rouge !
194, rue Mouassine • ☎ 05 24 37 87 36 ou 06 48 12 97 38
• www.hanoutboutique.com
• T.l.j. 10h30/11h-19h/20h.

ZAHRA SHOP
Artisanat ⑫ Plan G6

Deux boutiques en une ! Au rez-de-chaussée, un bel assortiment de verres à thé, de housses de coussins brodées (80 à 120 Dh), de couvertures en laine et coton, de flacons à base et bouchon en métal (10 à 60 Dh l'unité) et autres productions artisanales locales. Mais c'est à l'étage que vous attend le véritable étourdissement :

Hanout

Notre top des COSMÉTIQUES ET PARFUMS

Les traditions de beauté ancestrales, la richesse du terroir marocain, les multiples vertus de ses plantes aromatiques et médicinales ont fait du Maroc l'un des fers de lance de la cosmétique naturelle.

LES PARFUMS DU SOLEIL

Magiques et envoûtants, les Parfums du Soleil égrènent avec une incomparable subtilité toutes les senteurs du Maroc. Voir p. 167, **Majorelle.**

Les Parfums du Soleil

NATUS

Le meilleur de la cosmétique naturelle à base d'huile d'argan et de figues de Barbarie pour cette gamme de produits de beauté à la pointe de la recherche. Voir p. 160, **Guéliz.**

LES SENS DE MARRAKECH

Un heureux mariage entre sensualité et beauté dans cette boutique où les contenants séduisent autant que les contenus. Voir p. 77, **Majorelle.**

THE MOROCCANS

L'enseigne montante de la scène marocaine et internationale où remplir son panier de crèmes de soin pour le corps, le visage, les cheveux... Voir p. 168, **Majorelle**

NATUROM

Plus confidentielle mais non moins estimable, cette marque décline une vaste gamme de produits à base d'huile d'argan. Voir p. 157, **Riad Zitoun el-Jdid.**

devant la farandole de vaisselle en céramique qui décline à l'infini ses motifs géométriques en version *black & white* (à partir de 30 Dh) !
2, souk Cherifia, Sidi Abdelaziz • ☎ 05 24 39 13 18 ou 06 66 94 56 94 • T.l.j. 9h-21h.

HENNA STORE
Tatouages au henné ⑬ Plan G6

Pour tous ceux qui n'ont pas envie de s'exposer aux regards des passants, ce petit salon de tatouage au henné bio offre, à l'abri de l'agitation des souks, un large choix de motifs d'inspiration marocaine, berbère et moyen-orientale. La gamme de prix varie de 50 Dh pour les plus petits à 700 Dh pour ceux qui recouvrent une bonne partie du dos. La boutique vend aussi du henné en poudre et une gamme de produits cosmétiques.
1er étage, souk Cherifia, Sidi Abdelaziz • ☎ 06 40 53 76 19 • www.facebook.com/thehennastore • T.l.j. 10h-19h.

COOPÉRATIVE AL KAWTAR
Textiles ⑭ Plan G6

Cette association privée propose un encadrement complet (hébergement, nourriture, soins médicaux) à des femmes handicapées qui viennent y apprendre la broderie, le tricot ou le crochet. Les produits disponibles, parures de lit, linges de table et de toilette, pyjamas, chemises, chaussons et bonnets, sont donc tous confectionnés à la main, dans des matières 100 % naturelles. Possibilité de passer commande pour choisir motifs et couleurs.
3, derb Zaouia Laftihia, rue Mouassine • ☎ 05 24 38 56 95 • https://alkawtarcoop.wordpress.com • T.l.j. 9h30-18h.

16
Tapis ⑮ Plan D2 et C1

Sous les crayons des frères Zarib, les tapis naissent comme des paysages mouvants, colorés et envoûtants, nourris d'imaginaire autant que de tradition. Des pièces uniques, formats XXL entièrement tissées à la main par des femmes berbères et pouvant demander jusqu'à 8 à 10 mois de travail ! Bref, des œuvres d'art que vous pourrez admirer sur rendez-vous ou, plus librement pour vous faire une première idée, dans le showroom du quartier Majorelle.
16, rue Riad el-Arous, Dar el-Bacha • ☎ 06 15 28 56 90 ou 06 61 85 34 87 • www.facebook.com/soufiane.zarib • Showroom : 2, rue Houdhoud ; quartier Majorelle ; t.l.j. 8h30-18h.

TOPOLINA
Mode femme ⑯ Plan D2

Deux gros fauteuils posés sur un tapis dans la rue signalent cette adorable boutique. À l'intérieur, le charme continue avec les créations originales et décalées d'Isabelle, une styliste issue des Beaux-Arts qui confectionne vêtements et accessoires décalés : blousons fantaisie (1 500 Dh),

manteaux kimono (2 500 Dh), robes djellaba ou parapluie, mocassins en toile ou en peau de chèvre (750 Dh), chapeaux foulards (350 Dh) divinement rétro...
134, rue Dar el-Bacha • ☎ 06 79 72 60 26 ou 06 51 34 57 95 • https://topolina.shop • T.l.j. 10h-20h • Showroom : 368, Z.I. de Sidi Ghanem.

TOPOLINA
Mode homme ⑰ Plan D2

Une adresse spéciale pour tous ceux qui rêvent de rompre avec la morosité et le conformisme de leur garde-robe en y laissant déferler couleur et fantaisie ! Depuis les mocassins (850 Dh) recouverts de tissu imprimé jusqu'aux pantalons (700 Dh) fleuris ou rayés coupés à hauteur de cheville, ils trouveront à coup sûr de quoi se distinguer dans cette petite boutique qui, une fois n'est pas coutume, leur est entièrement dédiée.
114, rue Dar el-Bacha • ☎ 06 79 72 60 26 ou • ☎ 06 51 34 57 95 • https://topolina.shop • T.l.j. 10h-20h • Showroom : 368, Z.I. de Sidi Ghanem.

BENNINA SHOES
Chaussures ⑱ Plan G6

Des pieds à nuls autres pareils ? C'est possible même pour les budgets modérés ! Il suffit de pousser la porte de cette minuscule boutique où vous choisirez la forme, la matière et les couleurs de vos futures chaussures, qui seront réalisées sur mesure pour

Topolina Femmes

400 à 600 Dh. Pensez à vous y rendre dès votre arrivée, car la fabrication demande de 3 à 6 jours en fonction du modèle choisi et des commandes en cours. Pour hommes et femmes.
94, rue Dar el-Bacha • ☎ 06 75 92 18 89 • T.l.j. 9h-20h.

SOUK DE BAB DOUKKALA
Marché aux puces ⑲ Plan D2

Collé à la muraille, sur un immense terrain vague caillouteux, se tient chaque jour un marché spontané tout ce qu'il y a de plus authentique. Sur des nattes étalées à même le sol, une marchandise complètement hétéroclite et souvent usagée. De vieux outils, fers à repasser, pédaliers de vélo, habits et chaussures d'occasion, porte-clés, boucles de ceinture, lunettes, canifs... Une foule de

Notre top de la mode
ETHNIC CHIC

À la croisée des chemins entre les élans minimalistes de l'Occident et la subtile préciosité des parures orientales, une mode 100 % marrakchie a vu le jour : chic, sobre et féminine en diable !

AKBAR DELIGHTS

Un petit coin cosy où butiner d'une tunique brodée à une sacoche perlée, d'un sac tressé à un bijou coloré. Voir p. 141, **Jemaa el-Fna**.

BY FAISSAL

Soyeuses, douillettes ou vaporeuses, les écharpes se déclinent ici dans toutes les matières naturelles. Voir p. 143, **Mouassine.**

HANOUT

Robes fluides, tuniques légères rehaussées de passementerie, blousons customisés... une petite boutique à croquer ! Voir p. 145, **Mouassine.**

KAFTAN QUEEN

Deux doigts de tradition, une pincée de fantaisie et une touche de glamour, tel est le secret de cette attachante enseigne. Voir p. 166, **Guéliz.**

WARDA LA MOUCHE

Joyeuse et fleurie, la mode se décline ici à petits prix en version femme, homme et enfant. Voir p. 156, **Riad Zitoun el-Jdid.**

By Faissal

curieux à forte majorité masculine se réunit autour des marchands les plus hâbleurs ou des stands de tir au fusil improvisés sur des charrettes à bras.
T.l.j. 17h-21h.

Le quartier Ben Youssef (Quartier 4 - p. 40)

HUILARÔME
Cosmétiques ⑳ Plan H6

Ni conservateurs, ni parfums de synthèse, ni produits animaux pour cette gamme de cosmétiques qui mise sur l'aromathérapie et les propriétés naturelles des plantes pour éveiller vos sens et soigner votre corps. Dénominateur commun de nombreux soins, l'huile d'argan, qui est aussi vendue pure (200 Dh les 250 ml, 330 Dh les 500 ml) dans de jolis flacons aux couvercles ciselés.
Angle pl. Ben Youssef et rue Talaa • ☎ 06 96 97 20 01 • www.huilarome.com • T.l.j. 10h30-18h ; f. ven. à l'heure de la prière.

NORYA AYRON
Mode ethnique ㉑ Plan G6

La soie est sans aucun doute une des matières préférées de cette créatrice, dont les modèles en éditions ultra-limitées allient simplicité des coupes, souplesse et fluidité. Impossible de résister à ses longues robes à manches en ailes

Max & Jan

Souk Rabie

de papillon (1 850 Dh) qui épousent avec grâce les mouvements du corps et comptent des Sharon Stone, Monica Belluci et Juliette Binoche parmi leurs adeptes !
32, souk Jeld, Sidi Abdelaziz, 1er étage du restaurant *Le Jardin* • ☎ 06 61 29 59 90 ou 06 50 03 49 33 • www.facebook.com/noryaayron.creations • T.l.j. 11h-18h.

MAX & JAN
Concept store ㉒ Plan G-H6

Agrémenter le quotidien d'une touche de glamour et de gaieté, tel est le credo des deux créateurs de ce concept store dont vous explorerez chaque coin et recoin avec un enthousiasme croissant ! La couleur est au rendez-vous et éclabousse avec la même allégresse les vêtements hommes, femmes (350 à 2 500 Dh) et enfants, les sandales, les mocassins, les bijoux fantaisie... Déco d'intérieur et arts de la table ne sont pas en reste avec des lignes d'objets en céramique, cuir, bois... Le plus : le restaurant bio du rooftop et sa cuisine maroco-internationale.
14, rue Amsefah, Sidi Abdelaziz • ☎ 05 24 37 55 70 ou 05 24 33 64 06 • www.maxandjan.com • T.l.j. 10h-19h.

SOUK RABIE
Poterie ㉓ Plan F2

Dans un incroyable miroitement de couleurs, des milliers de poteries sont exposées dans ce souk permanent situé le long de la route, à l'extérieur des remparts. L'atmosphère de l'endroit n'a rien de celle, grouillante et animée, des véritables souks. Ici, l'ordre règne et les poteries sont sagement disposées les unes à côté des autres. On y trouve pourtant tout ce qui se fait actuellement, des poteries usuelles berbères en terre brune, des céramiques monochromes ou d'inspiration moderne, ainsi que des modèles plus classiques aux motifs traditionnels.
Quartier Sidi Youssef ben Ali • T.l.j. 9h-21h.

MARCHÉ DE BAB EL-KHEMIS
Marché aux puces ㉔ Plan D1

Derrière les remparts de la « porte du Jeudi » se trouve le marché aux puces de Marrakech, sorte de brocante géante très peu fréquentée par les touristes. Un bon tuyau : l'endroit est particulièrement intéressant avant chaque grande fête car les Marrakchis se débarrassent d'objets personnels à ce moment-là. Sous les arcades, des échoppes de vêtements neufs ou d'occasion, de vaisselle souvent usagée, de pièces détachées de voitures... et à même le sol, une multitude d'objets parfois complètement incongrus. Le marché a tendance à déborder des limites de la muraille.

Bab el-Khemis • T.l.j. 9h-20h.

Les souks (Quartier 5 - p. 46)

EL-JOULI
Artisanat ㉕ Plan H6

Pour tous ceux qui n'ont pas le courage d'arpenter les souks de long en large, la spacieuse boutique de Miloud el-Jouli propose un panorama très complet de l'artisanat marocain. Sont rassemblés ici meubles, miroirs (à partir de 900 Dh), coffres, lanternes, luminaires, bougies, vases, verres, plateaux et poteries réalisés par des artisans soigneusement sélectionnés. Une deuxième boutique plus petite, à 2 min à pied, est spécialisée dans les accessoires de mode, les vêtements et les bijoux.

48, souk Cherratine • ☎ 05 24 42 67 16 ou 06 70 41 76 61 • T.l.j. 9h-19h30.

LAQLIB SAÏD
Articles de cuir ㉖ Plan H7

La spécialité de la maison est la broderie sur cuir. Des bourses (à partir de 150 Dh), sacs à dos (à partir de 300 Dh) et bananes sont travaillés sous vos yeux. Préférez les articles doublés de tissu, qui résisteront bien mieux au passage du temps. Le cuir utilisé ici est très clair, mais si vous le désirez plus foncé, le patron se fera une joie de le transformer sous vos yeux. Eh oui ! Il suffit de l'enduire d'huile de tournesol pour en changer la couleur.

15, souk Harrarine • ☎ 06 61 55 19 62 • T.l.j. 10h-19h.

VENDEURS AMBULANTS
Vannerie, bibelots ㉗ Plan H7

Au centre de la place, assises par terre devant des étalages improvisés, des femmes voilées vendent leur production quotidienne : des corbeilles en vannerie dont la spirale est intégralement entortillée dans des sacs plastique de récupération, des paniers et autres articles en sparterie.

Pl. Rahba el-Kdima • T.l.j. 9h-19h.

LE SOUK DES ÉPICES
㉘ Plan H7

Pour vous lancer dans la confection de véritables tagines marocains

Vendeurs ambulants de la place Rahba el-Kdima

à votre retour, n'hésitez pas à rapporter quelques petits sachets d'épices : cumin, piment doux *(fifla amra)*, gingembre en poudre, mais aussi curcuma, cardamome et bien sûr le fameux ras el-hanout et sa dizaine d'épices mélangées. Indispensables et beaucoup moins onéreux qu'en France, les filaments de safran vendus en petits sachets de 1 g (40 Dh).
Pl. Rahba el-Kdima.

BAZAR JOUTI
Tapis ㉙ Plan H7

La maison obtient depuis longtemps déjà les suffrages de la clientèle locale. Ici, l'amour des tapis se transmet de père en fils et, pour peu que vous démontriez un réel intérêt, on n'hésitera pas à vous dévoiler les tapis berbères les plus anciens. Ceux qui sont conservés à l'étage et ne sont pas dépliés à tout bout de champ. Les prix, évidemment, augmentent proportionnellement à l'âge de chaque pièce !
119, souk Zrabi • ☎ 05 24 44 32 19 • T.l.j. 9h-20h30.

SHTATTO
Concept store ㉚ Plan H7

La création passée au tamis *(shtatto)* du talent, tel pourrait être le credo de ce « *concept building* », où se côtoient les univers variés des grandes figures de la scène marrakchie : œuvres d'Hassan Hajjaj, céramiques, coussins ou pochettes de Lup31, sacs au cuir velouté de Nasire, vêtements d'Amine Bendriouich, bougies parfumées Ulili... Au premier étage,

Shtatto

vous pourrez rafraîchir votre coupe de cheveux chez *Nature*, un salon de coiffure vintage, avant d'aller vous prélasser sur le toit-terrasse devant un bon café, un jus de fruit, une salade ou un délicieux tagine.
81, derb Nkhal, Rahba Lakdima
☎ 05 24 37 55 38 • www.facebook.com (Shtatto Marrakech) • T.l.j 10h-20h.

M.A. CRÉATION
Accessoires **31 Plan H7**

En cuir, en tissage, en velours ou en poil de chèvre, les sacs à main et pochettes (à partir de 130 Dh) joliment doublés de cette petite boutique se déclinent à l'infini. Autant vous prévenir, le choix sera difficile ! D'autant qu'il est également aisé de se laisser tenter par les babouches en velours à talon compensé (200 Dh). Un bon rapport qualité-prix.
103, pl. Rahba Lakdima • ☎ 06 62 13 36 17 • www.macreation.biz • T.l.j. 9h30-21h.

BLOOM
Accessoires **32 Plan H7**

Les sacs, pochettes, paniers et bourses en cuir, en chanvre, en tissu, tous fabriqués avec soin et décorés d'une touche fantaisie (de 200 à 1 500 Dh), sont sans aucun doute le fleuron de cette petite échoppe amoureusement façonnée par la créatrice Nadège Arnaud. Heureuse de faire partager son univers ludique et coloré, elle y accueille sa clientèle la plupart du temps en personne !
43, Rahba el-Kdima • ☎ 06 65 73 62 72 • T.l.j. 10h-20h avec une petite pause à l'heure du déjeuner.

MAISON DE TISSAGE
Textiles ㉝ Plan H8

Un divan à recouvrir, des rideaux à poser, un jeté de lit ou des coussins à confectionner ? Vous trouverez forcément votre bonheur parmi les rouleaux de tissus en coton, laine ou *sabra* (soie végétale, 300 à 800 Dh le mètre linéaire) de cette boutique-atelier. Parmi les accessoires en vente, des sacs et babouches en *sabra* colorés et de jolies écharpes. Possibilité d'admirer les tisserands qui sont à l'œuvre au premier étage.

Rue Rahba Lakdima • ☎ 05 24 38 22 23 ou 06 61 60 12 66 • T.l.j. de 9h30 jusqu'au coucher du soleil.

BAZAR TIMPOKTO
Artisanat ㉞ Plan H8

Vous repérerez de loin cette échoppe à ses dehors colorés ! Et pour cause, sa devanture est envahie d'une multitude de panonceaux en métal émaillé peints à la main de dessins naïfs illustrant toutes sortes de métiers, de scènes du quotidien ou d'activités sportives (de 80 à 150 Dh). Entre les arracheurs de dents, les écrivains publics, marchands de tapis, coiffeurs, experts comptables, psychologues, golfeurs ou footballeurs, se glissent d'anciens plateaux de bar et des boîtes à biscuits estampillés Heineken, Coca Cola, Lindt, La Vache Qui Rit…

3/25, rue Rahba Lakdima • ☎ 05 24 37 76 23 ou 06 62 15 36 18 • T.l.j. 9h30-19h ; f. ven. à l'heure de la prière.

ART OUARZAZATE
Mode ethnique ㉟ Plan H8

Mariage des étoffes, tombé parfait des coupes, souplesse des cuirs et raffinement des coloris, tout dans ce sanctuaire de la mode ethnique et décalée respire l'élégance : les robes trapèzes (1 700 Dh), les manteaux brodés (1 700 Dh), les vestes en fourrure de récupération (3 000 Dh), les salopettes en wax (700 Dh), les sacs en canevas, cuir tressé ou poil de chèvre (à partir de 800 Dh)… En bref, la conjugaison parfaite du bon goût et de la fantaisie !

15, rue Rahba Lakdima • ☎ 06 48 58 48 33 • T.l.j. 9h30-20h.

Bazar Timpokto

CHABI CHIC
Concept store ㊱ Plan H7

Rehaussés d'une touche d'or fin, décorés de motifs géométriques, éclaboussés de tâches de couleurs façon granito, les tasses, mugs et assiettes en céramique (à partir de 85 Dh) de cette pimpante petite boutique mettront de la joie sur votre table. Ne boudez pas non plus la gamme de cosmétiques à l'huile d'argan, de figue de Barbarie ou au lait d'ânesse et le coin épicerie marocaine, où vous ferez le plein d'épices (à partir de 65 Dh le sachet).

1, derb Aarjane, au rez-de-chaussée du restaurant Nomad • ☎ 05 24 38 15 46 • www.chabi-chic.com • T.l.j. 11h-20h30 • Autres adresses : 106, rue Kennaria ☎ 05 24 38 68 52, et 332, artère principale de Sidi Ghanem ☎ 05 24 35 65 60.

LA PORTE D'OR
Tapis ㊲ Plan H7

Ce grand riad orné de stuc ciselé est une adresse fréquentée par toutes les célébrités de passage. Demandez à consulter le livre d'or que M. Lioua, le sympathique maître des lieux, exhibera avec plaisir et fierté. Insistez pour voir les pièces anciennes qui ne sont pas toujours les plus en vue.

115, souk Smarine • ☎ 05 24 44 54 54 ou 06 61 24 06 53 • T.l.j. 10h30-20h (21h l'été).

RIAD YIMA DE HASSAN HAJJAJ
Déco ㊳ Plan H8

Le riad de celui qu'on appelle affectueusement « le Andy Warhol marocain » est à l'image de son concepteur : coloré, facétieux, irrésistible ! Magicien du recyclage, adepte invétéré du pop-art, Hassan Hajjaj y vend ses photos d'art dans des cadres inspirés des célèbres Campbell's Soup Cans de l'artiste américain, mais aussi des meubles fabriqués dans des caisses de Coca Cola, des lanternes façonnées dans des boîtes de conserve... Un univers tout à la fois onirique et glamour !

52, derb Aarjane • 05 24 39 19 87 • www.riadyima.com • T.l.j. 10h-19h ; f. ven. 13h-15h.

Autour de la rue Riad Zitoun el-Jdid (Quartier 6 - p. 54)

WARDA LA MOUCHE
Mode hippie chic ㊴ Plan E3

Fraîcheur, gaieté et fantaisie sont les principes fondateurs de cette jolie boutique, où chaque vêtement est produit en petite quantité. Si les robes gandoura (à partir de 590 Dh), vestes, pantalons et jupes brodées (à partir de 490 Dh) sont réalisés dans des tissus provenant de divers pays, les brocarts et la facture sont 100 % marrackchis. Une mention spéciale pour les accessoires tels que les cabas (360 Dh) en cuir et plastique.

Une excellente adresse pour les nostalgiques du look hippie fleuri !
127, rue Kennaria • ☎ 05 24 38 90 63 • T.l.j. 9h30-20h.

BOB MUSIC
Musique (40) Plan E3

Apprentis musiciens ou virtuoses confirmés, les mélomanes embarquent ici pour un voyage musical dépaysant. Le maître des lieux se fait un plaisir de leur présenter les instruments arabes et berbères encore utilisés au Maroc : *guembri* ou *otar* à cordes, darbouka en peau de chèvre (à partir de 130 Dh) ou de poisson (à partir de 200 Dh), *raïta* en bois d'abricotier (400 à 1 000 Dh)... Et si vous en exprimez le souhait, vous pourrez tâter de la corde ou être gratifié d'un petit concert privé !
21, rue Kennaria • ☎ 06 66 74 52 00 ou 06 22 36 89 40 • T.l.j. 9h-21h.

NATUROM
Cosmétiques (41) Plan E3

Pour faire le plein de produits naturels pour toute la famille ! À essayer absolument, les exfoliants au sucre (30 Dh les 100 g) pour une peau veloutée, les huiles de bain émollientes délicieusement parfumées (80 Dh les 100 ml) ou celle de pépins de figues de Barbarie (200 Dh les 10 ml) pour le visage, le contour des yeux et le décolleté. Ces messieurs iront fureter du côté des huiles de barbe et crèmes de rasage à l'argan qui luttent efficacement contre les irritations.

Bob Music

213, rue Riad Zitoun el-Jdid • ☎ 05 24 38 37 84 • www.naturom.ma • T.l.j. 9h30-19h • Autre adresse : route de l'Ourika, km 17.

LE COCOON DES REINES DE BEAUTÉ
Cosmétiques ㊷ Plan E3

Les mots d'ordre ici sont la beauté et le bien-être ! Côté boutique, une gamme de produits naturels pour vos rituels quotidiens comme les masques (125 Dh), sérums (115 Dh) ou savons (90 Dh) au lait d'ânesse. Côté institut, une belle panoplie de massages et de soins du corps, du visage (230-520 Dh) ou des pieds (130-150 Dh) : à commencer par les délicieux bains (410 Dh) au lait d'ânesse et huiles essentielles... Une expérience à partager avec vos conjoint et bébé !
53, rue Riad Zitoun el-Jdid • ☎ 05 24 38 56 64 • T.l.j. 10h-19h, soins sur rendez-vous.

TAHAL C
Chaussures ㊸ Plan E3

Vous rêvez d'une paire de derby mi-fluo mi-panthère (480 Dh) ? De mocassins en poils de chèvre (380 Dh) ou de ballerines façon zèbre ? Poussez la porte de cette mignonne boutique où la valse des modèles ne vous facilitera pas le choix ! D'autant que si, par le plus grand des hasards, vous ne trouviez pas chaussure à votre pied, l'atelier se chargera d'en confectionner une paire selon vos souhaits en 48h !
171, rue Riad Zitoun el-Jdid • ☎ 05 24 38 19 93 ou 06 62 79 79 62 • T.l.j. 10h-20h, jusqu'à 21h en été.

MOURAD
Artisanat ㊹ Plan E3

Customiser ses bouteilles de vodka ou de scotch, égayer ses étagères de salle de bains ou de cuisine ? Rien de plus simple grâce aux myriades de flacons en verre (de 15 à 200 Dh) de toutes tailles et toutes formes, sagement alignés contre les murs de cette échoppe. Avec leur base et leur petit chapeau en maillechort ciselé ainsi que leur pompon dont vous choisissez la couleur, ils s'adaptent à tous les usages. L'idée cadeau : les habillages qui s'ajustent aux bouteilles vendues dans le commerce.
131, rue Riad Zitoun el-Kdim • ☎ 06 43 82 61 56 • T.l.j. 9h30-19h30.

JAD, BOUGIE & SENTEUR
Bougies ㊺ Plan E4

Le charme opère dès l'entrée dans cette ravissante boutique qui a tout de l'écrin à bijoux. Première étape, sélectionner les différentes fragrances des bougies (marque Côté Bougie) en approchant ses narines d'une série de petites cloches en verre. Arrive ensuite le choix le plus cornélien : élire la forme, la couleur et le matériau (passementerie, délicate, résille de cuir, métal ciselé, céramique...) des photophores qui les contiennent (150 à 700 Dh).
134, rue Riad Zitoun el-Kdim • ☎ 05 24 42 87 37 • T.l.j. 9h-20h30.

JAD, BAIN & BEAUTÉ
Cosmétiques ㊻ Plan E3

Pleins feux sur les rituels de beauté et le cocooning dans la dernière-née des boutiques Jad de la ville. Des accessoires pour la salle de bains de la maison Casabeldi, des gels douche, masques gommants pour le corps (270 Dh), après-shampoings (165 Dh), sérums lissants (258 Dh) et autres séduisants produits de la marque Les Sens de Marrakech. Les hommes ne sont pas en reste avec une gamme tout spécialement conçue à leur intention.

164, rue Riad Zitoun el-Kdim • ☎ 05 24 39 16 69 • T.l.j. 9h-20h30.

Le Mellah (Quartier 7 - p. 58)

MARCHÉ ALIMENTAIRE
㊼ Plan E4

Une grande partie de cet ancien marché couvert est aujourd'hui envahie par les vendeurs de volaille vivante. On se promène au milieu des caquètements déchaînés provenant des nombreuses échoppes transformées en cages, qui grouillent de poules et autres volatiles. Quelques lapins attendent aussi sans s'en douter le coup de grâce. Au centre, un marché aux poissons où daurades, rougets et saint-pierre font un peu grise mine.

Angle av. Houmman el-Fetouaki et rue Tougma • T.l.j. 7h-18h, mais c'est le matin que l'activité bat son plein.

ABDERRAZAK AJWADI
Perles ㊽ Plan E4

En herbe ou confirmés, les créateurs trouveront ici une mine d'idées pour confectionner leurs propres bijoux, car la boutique est spécialisée dans les perles. Des petites, des grosses, des rondes, des plates, des transparentes, des colorées, en verre, en maillechort, en bois, en résine, elles sont vendues à l'unité (à partir de 6 Dh la pièce) ou au poids (de 80 à 180 Dh/kg selon la taille et le matériau). Des idées cadeaux pour tous.

Marché alimentaire

34, souk du commerce, marché couvert du Mellah • ☎ 06 78 95 53 17 • T.l.j. sf ven. 8h-20h.

HERBORISTERIE BEN ALI TIDRANE
Épices et plantes ㊾ Plan E4

Cônes colorés d'épices pour petits plats savoureux, verveine et menthe séchées pour tisanes, cubes d'ambre pour embaumer les placards, argile blanche pour hydrater la peau, pierre ponce pour adoucir les pieds, rouge à lèvres au coquelicot, savon noir et gants de hammam... Une véritable tranche d'art de vivre à la marocaine ! Sans oublier la multitude de décoctions et d'onguents pour soulager tous vos maux... ou presque !
Échope n° 47, rue du Commerce, juste après le coude à droite, marché couvert du Mellah • ☎ 06 67 34 69 89 • T.l.j. 9h-19h.

ORIGINAL DESIGN
Textiles ㊿ Plan E4

Spécialisée dans le linge de maison, cette marque enjolive ses serviettes éponge (20 à 280 Dh), nappes en lin (350 Dh), sets de table (50 Dh) et parures de lit (1 000 Dh la housse de couette 220 x 240 cm et ses 2 taies d'oreiller) de joyeuses guirlandes de petits pompons colorés. La boutique vend aussi de belles foutas rayées (120 à 160 Dh) et des tuniques et robes en coton à des prix abordables (200 à 500 dh).
47, pl. des Ferblantiers • ☎ 05 40 00 71 03 • www.originaldesign-marrakech.com • T.l.j. 9h-19h30 • Autres adresses : 231, rue Riad Zitoun el-Jdid, ☎ 05 40 09 74 75 et 422, rue de la Kasbah, ☎ 05 24 38 37 05.

MOHAMED BOUMENTEL
Ferronnerie (51) Plan E4

Plus qu'un magasin, cette boutique est un atelier où les artisans façonnent toutes sortes d'objets en laiton, cuivre et métal recyclé. On pourra cependant y acheter des sceaux, bougeoirs, lanternes (de 120 à 250 Dh), entonnoirs, miroirs (de 25 à 80 Dh) et arrosoirs découpés dans des boîtes de conserve de thon espagnol, de sardines ou de tomates marocaines.
12, pl. des Ferblantiers • ☎ 06 62 08 60 10 • T.l.j. 8h-20h.

Le Guéliz (Quartier 9 - p. 68)

NATUS
Cosmétiques (52) Plan C2 et C1

Un heureux mariage entre ingrédients naturels, aromathérapie, phytothérapie et recherche de pointe pour ce laboratoire cosmétique d'où sortent de véritables petites merveilles sublimement conditionnées : masques purifiants à l'argile verte, boues exfoliantes à la poudre de

Some Slow Concept

noyau d'argan, huiles de figue de Barbarie anti-oxydantes (170 Dh les 10 ml), sérums anti-rides, huiles précieuses semi-sèches pour le corps et les cheveux... Un choix cornélien !

3, rue Tarik Ibn Ziad, angle rue de Sourya • ☎ 05 24 45 81 07 • www.natusmarrakech.com • Lun.-sam. 10h-14h et 15h-19h • Autres adresses : angle rue Yves Saint Laurent et av. Yacoub el-Mansour ☎ 05 24 30 37 55 et 214, Z.I. de Sidi Ghanem, ☎ 05 24 35 53 30.

SOME SLOW CONCEPT
Concept store (53) Plan B2

SLOW comme le temps qui suspend son vol, lorsqu'on pénètre dans l'univers cosy et pimpant de cette maison des années 1930 remodelée en villa-boutique. Au gré de ses trois niveaux, un cocoon souk semé de coussins et tapis moelleux, une épicerie fine mettant àl' honneur le terroir marocain, un coin arts de la table où rutilent bols en laiton (à partir de 200 Dh) et pots en céramique (150 Dh), un dressing égayé de tropéziennes 100 % marocaines (850 Dh), un *basket bar* pour customiser son propre panier en choisissant sa forme, la matière des anses, la couleur des pompons... et un jardin où s'attarder autour d'un déjeuner ou d'un goûter *healthy* à souhait.

76, bd el-Mansour Eddahbi • ☎ 05 24 43 33 72 • www.facebook.com/someslowconcept • Lun.-sam. 10h-19h.

LA GALERIE DES TANNEURS
Maroquinerie (54) Plan B2 et C1

Les fétichistes du sac à main trouveront ici de quoi combler tous leurs fantasmes. De la besace en daim ultra-soyeux à la sacoche façon facteur chic en cuir lisse ou grainé, en passant par des pochettes raffinées et des créations qui nous rappellent nos Kelly préférés ou les petits sacs matelassés d'une célèbre Coco, tous les modèles se déclinent en différentes couleurs. Possibilité de créer une pièce unique selon votre inspiration, qui sera réalisée dans les 48h pour les plus simples, dans la semaine pour les autres. Une qualité irréprochable pour des prix plutôt doux (de 750 à 3 500 Dh).

Angle bd Moulay Rachid et av. Mohammed el-Beqal • ☎ 05 24 42 34 11 ou 06 61 81 11 01 • www.galeriedestanneurs.com • Lun.-sam. 9h-20h, dim. 9h30-13h • Autre adresse : résidence Mirador, rue Yves Saint Laurent, ☎ 05 24 30 83 56, t.l.j. 9h-18h30.

LALLA
Maroquinerie (55) Plan B2

La collection ethnique chic de Laetitia Trouillet a d'abord conquis la clientèle londonienne du Portobello Market avant d'enflammer le microcosme marrakchi. Aujourd'hui distribuées par des enseignes telles que Paul & Joe ou Coco Ribbon à Londres, ses besaces fourre-tout en cuir souple et doux (990 Dh) avec porte-monnaie assortis (450 Dh), ses pochettes en éponge, ses sacs en cuir métallisé sont autant de cadeaux à offrir et à s'offrir sans se mettre sur la paille. Des prix allant de 350 à 1 500 Dh, et un peu plus pour les modèles impression python.

35, bd el-Mansour Eddahbi • ☎ 05 24 44 72 23 • www.lalla.fr • Lun.-sam. 10h-19h.

CÔTÉ SUD
Déco et vaisselle (56) Plan B2

Cette boutique tendance pages déco des magazines de mode est une mine de petits cadeaux décoratifs ou utilitaires pour la maison et pour la table : des verres à thé peints ou filigranés, des plateaux gigognes reprenant des

Côté Sud

motifs et des formes de zelliges (800 Dh les 3), des nappes, des sets de table, et des serviettes éponge décorées de babouches, mais aussi des micro-pochettes à glisser dans son sac et de jolis bracelets en métal filigrané (285 Dh).
4, rue de la Liberté • ☎ 05 24 43 84 48
• Lun.-sam. 9h30-13h et 15h-19h30.

BEN RAHAL
Tapis ⑤⑦ Plan B2

Une adresse très connue des collectionneurs qui viennent y dénicher les rares tapis encore en circulation, ou choisir parmi les tapis ruraux tissés ou noués que fabriquent les femmes des nombreuses tribus de la plaine du Haouz, du Haut ou du Moyen Atlas. Prix généralement fixes.
28, rue de la Liberté
• ☎ 05 24 43 32 73
• Lun.-sam. 9h-13h et 15h-20h.

INTENSITÉ NOMADE
Mode ⑤⑧ Plan B2

Voilà des années que cette boutique, une des pionnières de la ville, propose une gamme de prêt-à-porter aux lignes souples et aux matières naturelles. Les femmes craqueront pour les longues robes (à partir de 1 200 Dh) aux teintes chatoyantes inspirées des caftans et gandouras traditionnels, tandis que les hommes se laisseront séduire par les chemises et tuniques en coton (de 800 à 1 200 Dh) ou en lin brodées ton sur ton.
139, av. Mohammed-V
• ☎ 05 24 43 13 33
• Lun.-sam. 9h30-13h et 15h-19h30.

PLACE VENDÔME
Cuir ⑤⑨ Plan B2

Au cœur du Guéliz, une adresse qui séduira les amateurs de cuir et de daim. Alliant la qualité des matières à celle du travail, la boutique offre une gamme de vêtements (classique mais aussi très tendance), bagages en cuir (de 1 600 à 2 400 Dh), sacs à main (de 500 à 2 000 Dh), accessoires, à des prix raisonnables - et affichés en euros !
141, av. Mohammed-V
• ☎ 05 24 43 52 63
• Lun.-sam. 9h-13h et 15h30-19h30.

MOOR
Concept store ⑥⓪ Plan B2

Un espace lumineux au plafond hérissé de lanternes laquées de blanc et finement ajourées (de 2 000 à 5 000 Dh) et aux murs tapissés de miroirs en résine et en os (1 100-2 400 Dh) qui peuvent vous être expédiés à domicile. Notre coup de cœur : la ligne couture chic qui allie inspiration marocaine et touche contemporaine. Tuniques à partir de 1 800 Dh, manteaux à partir de 6 000 Dh. Housses de coussins, sacs et pochettes complètent le décor.
7, rue des Vieux Marrakchis
• ☎ 05 24 45 82 74
• www.akbardelightscollections.com
• T.l.j. sf dim. 10h-13h et 15h-19h.

MICHÈLE BACONNIER
Mode et accessoires femme (61) Plan B2

Avec des étoffes provenant du Maroc, d'Inde, d'Ouzbékistan..., Michèle se plaît à jongler avec les couleurs et les matières comme la soie, le coton, la laine ou le lin. Difficile de résister à ses étoles et à ses ponchos 100 % cachemire (de 1 650 à 4 200 Dh), à ses manteaux en brocard (3 950 dh) ou à ses bijoux en vermeil et pierres semi-précieuses rapidement devenus célèbres à Marrakech ! Les bourses moins garnies se contenteront des jolies babouches (300 Dh) ou des pochettes perlées (250 Dh).

12, rue des Vieux Marrakchis • ☎ 05 24 44 91 78 • www.michele-baconnier.net • Lun.-sam. : 9h30-12h45 et 15h-19h, jusqu'à 19h30 en été.

Atika

TESORUCCIO
Chaussures enfant (62) Plan B2

Ne cherchez pas plus loin ! C'est ici que vos joyeux garnements trouveront chaussure à leur pied. Les étagères croulent sous une farandole de mocassins (de 399 à 495 Dh), sandales, ballerines, babouches (de 299 à 340 Dh), Clarks et bottines, déclinés en cuir ou en daim dans une gamme de couleurs acidulées à croquer ! Un seul regret : la boutique ne chausse pas les parents.

27-28, immeuble Liberté, angle av. Mohammed-V et rue de la Liberté • ☎ 05 24 42 27 77 • Lun.-sam. 8h30-12h30 et 15h30-20h.

ATIKA
Chaussures (63) Plan B2

Une boutique qui n'a rien à envier aux chausseurs parisiens ! Une qualité irréprochable et des modèles dans l'air du temps. Même les plus *fashion victims* y trouveront des mocassins, des escarpins ou des bottines à leur pied (à partir de 450 Dh la paire). Ces messieurs peuvent aussi tenter leur chance du côté des derbys et des mocassins.

34, rue de la Liberté • ☎ 05 24 43 64 09 • Lun.-sam. 9h-13h et 16h-20h30.

SCÈNES DE LIN
Textiles et déco (64) Plan C2

Anne-Marie Chaoui est une sorte de magicienne. Son inspiration intarissable et son goût très sûr ont très rapidement transformé sa boutique en plaque tournante de la décoration. Si les tissus, nappes (de 1 550 à 2 550 Dh), rideaux, linge de table et de maison, tous travaillés dans son atelier, sont le fer de lance de sa création, les luminaires de style Art déco, les fauteuils en cuir (7 500 Dh), les consoles en fer forgé et autres meubles variés ne sont pas en reste. À signaler aussi, une gamme de vêtements en lin et coton aux lignes fluides. Aucune raison de se priver, d'autant que la plupart des commandes peuvent être prêtes en 24h.

70, rue de la Liberté • ☎ 05 24 43 61 08 • www.scenesdelin.com • Lun.-sam. 9h30-13h30 et 15h30-19h30.

LILA STORE
Concept store 65 Plan B2

Une belle sélection d'accessoires, de bijoux, de vaisselle, de cosmétiques, de produits alimentaires sur les étagères en bois blond de la boutique de l'hôtel 5 étoiles Radisson Blu. Irrésistibles les pochettes griffées Lup31 (545 Dh), les pots d'argile ou de henné parfumé de la marque The Moroccans, les bols (40 Dh), mugs et assiettes signés Kam Design ou encore les lanternes en boîtes de conserve recyclées par l'artiste Hassan Hajjaj...

166-176, av. Mohammed-V • ☎ 05 25 07 70 99 • Lun.-sam. 11h-20h, dim. 11h-13h et 14h-20h.

YAHYA CRÉATION
Dinanderie d'art 66 Plan B2

Designer de talent, Yahya recherche la beauté et la perfection en toute chose, comme le prouvent ses créations dont les lignes contemporaines, inspirées de la culture orientale, atteignent des sommets de raffinement. Plus qu'une boutique, cet espace est un showroom dont la vocation est de présenter les meubles et objets en cuivre, bronze, argent ou maillechort qui relèvent indéniablement plus de l'art que de l'artisanat. Des prix à la hauteur.

49, passage Ghandouri, entrée par le 61, rue de Yougoslavie • ☎ 05 24 42 27 76 • www.yahya-group.com • Lun.-sam. 9h30-13h et 15h-19h • Autre point de vente à la Mamounia.

FADELA EL-GADI
Mode femme 67 Plan B2

Du grand art ! À la croisée des chemins entre mode contemporaine et tradition orientale, l'inspiration de cette styliste marocaine a rapidement conquis le cœur de la jet-set internationale. Évidemment, il faut délier les cordons de la bourse, mais cela peut être l'occasion de s'offrir un cadeau pour la vie comme un sublime kaftan en soie précieuse perlé et cousu au fil d'or ou un long manteau brodé à porter sur son minishort assorti !

Passage Ghandouri, face à la galerie Matisse, entrée par le 61, rue de Yougoslavie • ☎ 05 24 43 68 67

André Le Chapelier

• www.fadilaelgadi.com
• Lun.-sam. 10h-13h et 15h-19h.

KAFTAN QUEEN
Mode femme — 68 Plan B2

Sous la houlette d'une créatrice londonienne qui a déposé ses valises à Marrakech, les gandouras, djellabas et tuniques traditionnelles adoptent ici un petit air informel et enjoué des plus séduisants. Il souffle sur cette jolie boutique un vent de renouveau rafraîchissant d'autant plus agréable que les étiquettes ne multiplient pas les zéros ! Des robes dénudant délicatement les épaules (800 Dh), des vestes trois-quarts au tombé impeccable (1 000 Dh), des tuniques brodées (à partir de 450 Dh)...

Passage Ghandouri, entrée par le 61, rue de Yougoslavie • ☎ 05 24 42 07 97 • kaftanqueen.blogspot.com

• Lun.-sam. 10h-19h
• Atelier in situ pour les retouches.

ANDRÉ LE CHAPELIER
Chapeaux — 69 Plan B2

Pour rester élégant tout en se protégeant du soleil, rien de tel qu'un petit tour chez André, le « Monsieur Panama » de Marrakech. Les prix (de 390 à 1 500 Dh) varient en fonction de la finesse du tissage, qui peut requérir jusqu'à 6 mois de travail ! Bien que le blanc et l'ivoire soient les deux couleurs traditionnelles de ce couvre-chef mythique, il est ici décliné dans une quinzaine d'autres tons pimpants. Possibilité de passer commande pour choisir sa propre matière.

10, rue Mohammed el-Beqal • ☎ 06 75 44 05 33 • Lun.-sam. 10h-13h et 14h-19h (en théorie).

L'Hivernage (Quartier 10 - p. 72)

BALZATEX
Linge de maison ⑳ Plan C3

Depuis 1978, cette marque est spécialisée dans la confection de linge de maison : nappes (780 Dh), serviettes et chemins de table décorés de motifs berbères traditionnels, draps, housses de couette (de 1 200 à 2 200 Dh) et dessus-de-lit aux coloris originaux, mais aussi linge de toilette et peignoirs assortis en éponge brodée. Une ligne de grande qualité qui change régulièrement et s'adapte aux tendances de la mode.

Centre Kawkab, 33, av. Moulay el-Hassan • ☎ 05 24 43 15 84 • www.facebook.com/BALZATEX • Lun.-sam. 9h30-12h30 et 15h-19h30.

Le quartier Majorelle (Quartier 11 - p. 74)

BRIN D'ORIENT
Bijouterie ㉑ Plan C1

Spécialisée dans le travail de l'argent et des pierres semi-précieuses, cette boutique fabrique de jolis modèles soignés et pas forcément ruineux. Bagues en argent et hématite (à partir de 390 Dh), bracelets ciselés (de 600 à 10 000 Dh). La plupart des pièces peuvent être réalisées sur commande en quelques jours. Un grand choix de cosmétiques est également proposé.

10, rue Yves Saint Laurent • ☎ 06 79 92 98 37 • Lun.-sam. 9h-19h, dim. 9h-16h (jusqu'à 19h pour les fêtes de fin d'année).

LES PARFUMS DU SOLEIL
Parfumerie ㉒ Plan C2 et B1-2

À la demande de Pierre Bergé et d'Yves Saint Laurent, Abderrazak Benchaâbane crée en 2001 son premier parfum, « Jardin Majorelle », baptisé ainsi en l'honneur de ses amis et conseillers. Cette eau de toilette boisée et épicée est la première d'une série aux noms tout aussi évocateurs : l'oriental et capiteux *Soir de Marrakech*, l'épicée et fleurie *Sultane*, l'océane *Casablanca* ou encore la fraîche *Agdal* qui entremêle les agrumes... Parmi les derniers-nés, le *Fès*, véritable jardin d'épices aux notes de citron vert et de badiane, l'*Agadir*, qui fleure bon les herbes des dunes et le souffle du sirocco, ou *Les Jardins de Shérazade* avec ses touches de patchouli, vanille, citron vert, santal...

Rue Yves Saint Laurent • ☎ 06 71 15 92 91 • www.benchaabane.com • T.l.j. 10h-18h • 300 Dh les 20 ml, 500 Dh les 50 ml et 700 Dh les 100 ml • Autre adresse : rue Tarik Ibn Ziad ; ☎ 05 24 42 26 27 ; lun.-sam. 9h-13h et 15h-19h30.

THE MOROCCANS
Cosmétiques ⑦③ Plan C1

Dernière-née des marques cosmétiques locales, The Moroccans joue déjà dans la cour des grands. Vendus à Paris, New York, Dubaï, Ibiza..., ses produits fabriqués sous haute surveillance mettent en valeur la richesse du terroir marocain : huile d'argan à l'ambre (358 Dh), eaux florales (268 Dh), élixir de graines de figues de Barbarie (839 Dh les 30 ml), baume lèvres au coquelicot ou à la cire d'abeille. Au sous-sol, un espace dédié aux créateurs marocains réunit des bijoux en or et diamant de Bil Arabi, des kimonos Las Chicas de Tanger, des pyjamas de Mohcyn...

Rue Yves Saint Laurent • ☎ 06 65 99 93 36 • www.themoroccans.ma • T.l.j. 9h-18h30.

HÉRITAGE BERBÈRE
Parfums ⑦④ Plan C1

Toutes les senteurs du Maroc pour cette gamme de parfums dont les fragrances vous évoqueront longtemps après le retour la lumière, les couleurs et les odeurs épicées et subtiles de votre voyage. Les plus, la méthode de fabrication à l'ancienne qui aboutit à une concentration plus intense et les jolis flacons aux lignes sobres et élégantes. Parfums pour femmes (380 Dh), pour hommes (350 Dh), sprays d'intérieur (250 Dh) ou diffuseurs d'ambiance à tige de rotin libérant les arômes par capillarité pendant plusieurs semaines (340 Dh).

Villa Dar Sabah, rue Yves Saint Laurent • ☎ 05 24 30 88 41 • www.heritageberbere.com • T.l.j. 10h-18h30 • Autre adresse : 366, Z.I. de Sidi Ghanem ; ☎ 05 24 20 00 24 ; lun.-ven. 10h-18h, sam. 10h-14h.

VOIR AUSSI :

33 Rue Majorelle | p. 77 | ⑦⑤ Plan C1

Maroc'n Roll | p. 77 | ⑦⑥ Plan C1

Les Sens de Marrakech | p. 77 | ⑦⑦ Plan C1

Pays berbère (Visite 12 - p. 78)

ATELIER BELDINE
Arts de la table ⑦⑧ Carte des environs

Au cœur d'une maison traditionnelle, Dorine Eijkman et sa petite équipe de femmes s'affairent. Sous leurs doigts habiles naît une vaisselle pleine de charme : verres *beldi*, bols et assiettes décorées de motifs variés et de scènes de la vie quotidienne locale (famille entassée sur une mobylette, vélo au porte-bagages chargé d'un échafaudage d'œufs...). Cuite à des températures élevées, la vaisselle résiste à la chaleur du lavage à la main pour le verre et à la machine pour la terre cuite. Possibilité de faire reproduire le dessin ou le texte de son choix pour une commande d'une douzaine de pièces minimum. Non contente d'avoir alphabétisé les femmes de son équipe, Dorine a aussi fondé un orphelinat en collaboration avec sa mère. Une belle histoire de femmes !

Houmt Sour, Tamesloht • ☎ 06 63 70 90 05 • www.facebook.com/Beldine.atelier • De préférence sur r.-v. 10h-16h ; on viendra vous chercher à la poste du village • 30-200 Dh selon les pièces.

ART TISSAGE TAM

Tissage ⑲ Carte des environs

Dans la famille d'Abdessadek, on a le tissage dans le sang depuis au moins trois générations. Armé de sa passion et de sa volonté de dynamiser Tamesloht en endiguant l'exode rural, il a donné naissance à une coopérative qui fait aujourd'hui travailler près de 400 personnes. N'hésitez pas à vous y arrêter. Non seulement vous participerez à cette magnifique aventure mais, en plus, vous ferez de belles emplettes en fibres 100 % naturelles : draps de bain, linge de table, coussins, couvertures (400 Dh), parures de lit, écharpes, robes et chemises d'une qualité irréprochable à des prix vraiment concurrentiels ! Et si le cœur vous en dit, Abdessadek se fera un plaisir de vous faire visiter les ateliers disséminés dans le quartier.

133, Houmt Sour, Tamesloht • ☎ 05 24 48 35 48 ou 06 68 16 56 15 • T.l.j. 9h30-19h ; téléphoner pour qu'on vienne vous chercher devant la poste.

Art Tissage Tam

Sidi Ghanem, CREUSET DE CRÉATIVITÉ

Restos & bistrots p. 119

Sidi Ghanem est la plus belle vitrine de la création marrakchie. Une soixantaine de showrooms répartis le long d'un vaste quadrillage de rues y présente la quintessence de l'artisanat branché : linge de maison, mobilier design, arts de la table, cosmétiques, vêtements tendance... La clé du succès reposant sur le mariage du minimalisme occidental et de la sophistication orientale.

Comment s'y rendre ?

À 6 km de la gare routière de Bab Doukkala par la N 7 (bd du Prince Moulay Abdallah). Prendre la 1re rue à gauche après le passage du pont enjambant la voie ferrée. Possibilité de s'y rendre en petit taxi ou avec les bus Alsa n° 15 à partir du square de Foucauld (Plan D3), de l'hôtel de ville (av. Mohammed-V - Plan D3) ou de Bab Doukkala (Plan D2).

CÔTÉ BOUGIE
Bougies d'art

Fabriquées à la main avec des produits naturels, les bougies de cette enseigne atteignent des sommets de raffinement. Les photophores sont de pures merveilles déclinant matériaux nobles et design épuré. Un coup de cœur pour la collection Tanneur, en dentelle de cuir, et pour les suspensions et coupelles de la gamme d'extérieur.

457, Sidi Ghanem • ☎ 05 24 33 57 64
• www.cotebougie.com
• Lun.-ven. 8h30-12h30 et 14h-18h, sam. 8h30-12h30.

DJEANN
Tapis et textiles

Introduire le chanvre, le cuir ou le jean recyclés dans la confection des boucharouites traditionnels, voilà la grande idée de la créatrice de cette enseigne dont le nom s'est vite fait connaître au Maroc et à l'étranger. Résultat, des tapis uniques et d'une remarquable qualité, dont les motifs suivent des thèmes qui se renouvellent tous les trois mois (jungle, croisière, Mondrian...). Entre 1 500 et 2 200 Dh/m^2.

**16 bis, rue principale, 1er étage
• ☎ 06 50 44 78 64
• www.djeann.com • Lun.-ven. 9h30-13h et 14h-18h, sam. 9h30-13h et 14h-17h.**

GALERIE POP
Concept store

Imaginez un immense loft où artistes, artisans et commerçants aménagent chacun un espace à leur guise pour y exposer et vendre ce que bon leur semble ! Le résultat est décoiffant et assez jubilatoire : dans un joyeux capharnaüm voisinent sculptures, peintures, accessoires de mode, vêtements, luminaires, bijoux, jouets d'enfants... le tout changeant assez régulièrement !

**109-4, rue principale
• ☎ 05 24 33 60 08
• Lun.-ven. 10h-18h, sam. 10h-14h.**

Côté Bougie

ANGIE
Linge de maison

Le nec plus ultra du linge de maison ! Ici, le coton est bien sûr peigné, la percale fine et veloutée, les motifs brodés à la main d'une grande finesse. Laissez glisser vos doigts sur les couettes semées de coquelicots, les peignoirs douillets et vous serez pris d'une subite envie de cocooning. Les prix varient en fonction du travail : en moyenne 1 500 Dh pour une housse de couettes 200 x 200 cm.

**391, 2e rue parallèle à la principale
• ☎ 05 24 33 67 91 • Lun.-ven. 9h30-13h et 14h30-18h, sam. 9h30-13h.**

Showrooms

Héritage Berbère (p. 168), Topolina (p. 148), Chabi-Chic (p. 156), Natus (p. 160), Les Sens de Marrakech (p. 77) ont, en plus de leur boutique dans le centre-ville, un showroom à Sidi Ghanem.

Les tapis

Les tapis marocains expriment à eux seuls toute la diversité culturelle du pays, des origines berbères à la civilisation islamique. Secteur privilégié, ils représentent plus de la moitié des revenus liés à l'exportation de production artisanale. La vie de communautés entières s'organise autour de leur fabrication, qui est presque exclusivement la chasse gardée des femmes. Marrakech est l'endroit idéal pour découvrir leur innombrable variété.

DES DOIGTS DE FÉE

Différentes techniques de fabrication cohabitent au Maroc. Les métiers horizontaux ou de **basse lisse** permettent un tissage rapide des fils grâce à leur pédalier. Ils servent à la confection des couvertures, des tentures et de certains tapis ras. Les métiers verticaux ou de **haute lisse** sont utilisés pour le tissage des tapis dits « **à points noués** ». Les fils de trame (horizontaux) sont passés entre les fils de chaîne (verticaux) qui sont généralement en coton, mais parfois aussi en poils de chèvre ou de dromadaire. Les brins de laine sont noués autour des fils de chaîne et égalisés une fois le tapis complètement terminé.

Les tapis du Haouz

On regroupe sous cette appellation les tapis provenant de la grande plaine du Haouz, qui s'étend des contreforts du Haut et du Moyen Atlas jusqu'au littoral atlantique. Tissés par les tribus des Oulad Bousbaa, des Aït Immour, des Rehamma ou des Chiadma, ces tapis ruraux présentent des caractéristiques communes. Les fils de chaîne en poils de chèvre parfois mélangés à de la laine noire s'entrecroisent avec des fils de trame en laine rouge. Leur fond généralement garance ou rouge violacé est irrégulièrement parsemé de motifs aux traits incertains préfigurant des postures humaines ou des animaux étranges.

LES TAPIS CITADINS

Les tapis de Rabat, de fabrication récente au Maroc (XVIIIe s.), se caractérisent par une forte influence orientale. Leur ornementation florale raffinée évoque un jardin dont pampres, œillets, tulipes, animaux et oiseaux stylisés sont les motifs récurrents. L'encadrement, pouvant aller jusqu'à sept bandes consécutives, est prédominant. Le motif central, la **koubba,** en forme de losange ou d'hexagone, se détache le plus souvent sur un champ uni à tonalités rouges ou bleues. Une vocation plus ornementale qu'utilitaire.

LES TAPIS RURAUX

Connus sous le nom des tribus qui les fabriquent, les tapis berbères du Moyen Atlas, du Haut Atlas ou de la plaine du Haouz reflètent une grande originalité d'inspiration. Ils se reconnaissent à leur aspect brut et à leur gamme de couleurs plus restreinte. Sur champ uni ou sur larges bandes horizontales, ils sont couverts de motifs ésotériques, le plus souvent géométriques. Un langage symbolique qui se rapporte aux diverses circonstances de la vie privée. Confectionnés en laine épaisse, ils sont des éléments indispensables du quotidien et servent tout à la fois de matelas et de couverture.

DES PREUVES DE QUALITÉ

Savoir distinguer tapis de bonne ou de mauvaise qualité n'est pas toujours facile. L'Inspection régionale de l'artisanat a mis au point un **système d'estampillage** pour tenter de garantir l'origine des tapis mais aussi leur qualité. Une **étiquette en tissu de couleur** apposée sur l'envers du tapis mentionne sa provenance, ses dimensions, son serrage (nombre de nœuds au cm^2). La laine naturelle étant parfois remplacée par des fibres synthétiques, il ne faut pas hésiter à brûler un fil arraché au dos du tapis pour faire la différence. Le brin de laine ne doit pas se consumer. Attention aussi au fil de Nylon que les marchands font passer pour de la soie !

LE BON CHOIX

S'armer de patience est une condition indispensable à l'acquisition d'un tapis. Les marchands n'hésitent pas à dérouler sous vos yeux des dizaines d'exemplaires en comptant sur un coup de cœur pour faire flamber les prix. Sachez que **les prix sont établis au mètre carré** en fonction du serrage (de 500 à 1 200 Dh pour les plus beaux). Les tapis anciens, devenus une denrée quasiment introuvable, peuvent atteindre des prix mirobolants. Les marchands proposent souvent des tapis aux couleurs passées vieillis prématurément au soleil. Attention : si une odeur très forte est un gage de confection traditionnelle, elle peut devenir un handicap car elle ne disparaîtra qu'après une exposition au grand air de plusieurs mois.

Carnet

PRATIQUE

Retrouvez toutes nos adresses localisées sur les cartes et plans grâce à un numéro coloré.

56	35	28
Restos	Bars	Boutiques

Le numéro renvoie à sa notice détaillée dans le chapitre concerné.

QUAND PARTIR ?

Le printemps et l'automne sont les saisons idéales. Les températures, qui varient entre 25 et 34 °C, se prêtent à la marche à pied, à la trempette et au bronzage. L'hiver reste une période propice (de 18 à 22 °C en moyenne) avec des écarts de température souvent considérables au cours des mêmes 24 heures. Les nuits étant très fraîches, les piscines non chauffées sont souvent glaciales. Les plus de la saison : la pureté incomparable de l'air et l'horizon dégagé qui laisse apercevoir les sommets enneigés du Haut Atlas. Les mois de novembre, février et mars comportent les plus gros risques de pluie. En été, le mercure atteint facilement, et dépasse même parfois, les 45 °C. La chaleur est alors brûlante sous l'influence du *chergui*, un vent chaud et sec du sud-est, qui « charrie du feu », pour reprendre les mots de Maupassant.

LE RAMADAN

La période du ramadan n'est a priori pas la plus propice aux séjours touristiques. L'islam étant une religion officielle, la pratique du jeûne est une obligation légale pour les Marocains musulmans, qui risquent plusieurs mois de prison en cas d'infraction. Il serait donc vraiment indélicat de se promener une gourde à la main ou une cigarette à la bouche. Les établissements hôteliers et les restaurants qui restent ouverts (la plupart en profitent pour prendre leurs congés annuels) continuent

Se renseigner avant de partir

Office national du tourisme marocain
161, rue Saint-Honoré, 75001 Paris • M° Palais-Royal • ☎ 01 42 60 63 50 • www.visitmorocco.com • Lun.-ven. 9h-18h.

Institut du monde arabe
1, rue des Fossés-Saint-Bernard, 75005 Paris • M° Cardinal-Lemoine ou Jussieu • ☎ 01 40 51 38 38 • www.imarabe.org • Mar.-ven. 10h-18h, sam.-dim. et j.f. 10h-19h, fermeture des caisses 45 min avant.

Site de l'ambassade de France au Maroc
www.ambafrance-ma.org ; dans l'onglet « Venir au Maroc ».

de servir nourriture et alcool aux non-musulmans. Mais attention, la présence d'un seul musulman à une table suffit à interdire la consommation d'alcool à tous les autres convives. Pourtant, le mois de ramadan peut se révéler riche en expériences inoubliables car, la nuit venue, une grande animation règne dans les quartiers populaires. Et être invité à un *ftour*, le délicieux repas qui sert à briser le jeûne, compensera largement les autres désagréments.

POUR Y ALLER ?

L'avion s'impose pour un séjour de courte durée. Il faut compter 3h15 de vol depuis Paris et, selon les compagnies et la période de l'année, entre 120 et 600 € l'aller-retour.

Air France

Vols directs depuis Paris, et via Paris depuis Bordeaux, Lyon, Marseille, Nantes, Strasbourg et Toulouse.

☎ 36 54 (6h30-22h) • www.airfrance.fr

Royal Air Maroc

Vols directs depuis Bordeaux, Lyon, Marseille, Paris, Toulouse, et via Casablanca depuis Nantes, Nice et Strasbourg.

38, av. de l'Opéra, 75002 Paris • M° Opéra • ☎ 01 44 94 13 10 ou 0 820 821 821 (24h/24) • www.royalairmaroc.com • Lun.-ven. 9h-18h.

Les **compagnies low cost** proposent des tarifs alléchants, surtout si les dates de votre séjour sont flexibles. Mais il faut ajouter souvent une somme conséquente pour chaque bagage en soute, et savoir que certaines d'entre elles n'autorisent qu'un seul bagage à main en cabine (sac à main compris). Elles peuvent aussi exiger l'enregistrement en ligne et l'impression de la carte d'embarquement ; à défaut, vous devrez payer un supplément à l'aéroport. Renseignez-vous bien avant de réserver.

Transavia

Vols directs de Lyon, Nantes et Paris.

☎ 0 892 05 88 88 (depuis la France) ou par message Whatsapp au 06 37 71 36 60 • ☎ 00 352 27 00 27 28 (depuis l'étranger) • www.transavia.com

Joon

Vols directs de Lyon et Paris.

☎ 118 001 (24h/24) • www.airfrance.fr/FR/fr/local/home/joon/HomePageJoonAction.do

Easyjet

Vols directs de Bordeaux, Lyon, Nice, Paris et Toulouse.

☎ 0 820 42 03 15 • www.easyjet.com

TUI Fly

Vols directs de Bordeaux, Lille, Lyon, Marseille, Nantes et Paris. Quelques destinations supplémentaires en été.

• ☎ 0 899 19 00 43 (depuis la France) ou 00 32 70 22 00 00 (depuis l'étranger) • www.tuifly.be/fr

Ryanair

Vols directs de Dole, Marseille-Provence, Paris-Beauvais, Paris-Vatry, Perpignan, Poitiers et Tours - Val de Loire.

Choisir son riad

Calfeutré derrière de hauts murs aveugles, le riad n'offre pas d'ouverture sur l'extérieur en dehors du patio et de la terrasse sur le toit. Les chambres, généralement entre 4 et 10, ouvrent sur le patio et sont parfois assez sombres, et même bruyantes si des clients peu silencieux s'attardent dans les parties communes. Préférez toujours celles en étage, plus lumineuses et plus tranquilles. Pour répondre à la demande, de nombreux riads ont multiplié les infrastructures de luxe (piscines souvent minuscules, hammams, air conditionné, baignoires, minibars, télévisions...) qui, bien que séduisantes, ne correspondent en rien à l'art de vivre traditionnel. À vous de voir si vous préférez ce confort à une expérience plus authentique qui vous fera découvrir le raffinement dans la simplicité. Quelques pistes pour dégoter la perle rare :

• www.1001riadsmarrakech.com • www.sejour-maroc.com
• www.riads.fr • www.terremaroc.com • www.espace-maroc.com

☎ 0 892 56 21 50 ou 01 80 14 44 53 (appel gratuit) • www.ryanair.com

DORMIR À MARRAKECH

HÔTELS

La capacité hôtelière de la ville ne cesse d'augmenter et, à l'exception de la période des fêtes de fin d'année et des week-ends de pont qui se prêtent à merveille à une escapade à Marrakech, il vous sera facile de trouver un hébergement sans vous y prendre trop à l'avance.

QUEL QUARTIER CHOISIR ?

Hivernage

Les établissements « classiques » sont, en grande majorité, situés dans la ville nouvelle, notamment dans le quartier de l'Hivernage. Il s'agit souvent de chaînes hôtelières qui comptent plusieurs centaines de chambres. Dotés de piscines, de jardins et de restaurants, les plus chers peuvent être d'un luxe éblouissant tandis que les autres, d'un standing bien inférieur, sont la proie des tour-opérateurs qui y déversent des flots de touristes...

Guéliz

Quelques **hôtels indépendants,** plutôt tendance, ont élu domicile dans le quartier du Guéliz. Plus petits que les précédents par manque de terrain constructible, ils disposent néanmoins presque tous d'une piscine, même modeste. Celle-ci peut être coincée entre de hauts murs et par conséquent s'avérer très peu ensoleillée ou, ce qui règle ce problème, juchée sur les toits. Si la baignade fait partie de vos impératifs, vérifiez bien ce point.

Pensez-y

Formalités

Les ressortissants de l'Union européenne doivent être munis d'un passeport en cours de validité au moins jusqu'à la fin de leur séjour. Les mineurs doivent aussi détenir un passeport personnel. En théorie, un parent seul voyageant avec son enfant doit pouvoir prouver les liens qui les unissent en montrant son livret de famille. Dans la pratique, seuls les binationaux sont parfois ennuyés... Une carte d'identité peut suffire dans le cadre des voyages de groupe organisés par un professionnel du tourisme (renseignez-vous auprès de votre prestataire de service). Aucun visa n'est nécessaire pour un séjour n'excédant pas trois mois.

Santé

Les troubles les plus fréquents étant d'ordre gastro-intestinal, il peut être judicieux de se munir de médicaments adéquats. Aucune vaccination n'est obligatoire. Vérifiez que vous êtes à jour de vos vaccinations obligatoires en France (tétanos, polio, diphtérie). Les plus précautionneux se feront vacciner contre les hépatites A et B et la fièvre typhoïde.

Centre médical de l'Institut Pasteur : ☎ 0 890 710 811 • www.pasteur.fr/fr/centre-medical/infos-pratiques

Assurance

Si vous réglez votre voyage avec une carte bancaire, certaines assurances seront comprises. Les conditions variant selon les cartes, mieux vaut vous renseigner auprès de votre banque. Vous pouvez aussi souscrire une assurance voyage auprès d'un organisme indépendant. Selon les formules, les franchises sont moins élevées et les garanties annulation sont étendues.

Douane

L'importation de devises étrangères est possible sans limite mais au delà d'une contrevaleur de 100 000 Dh (un peu moins de 10 000 €), vous devez faire une déclaration à votre entrée dans le pays. Les écrits et vidéos jugés contraires aux bonnes mœurs peuvent être confisqués. Chaque touriste majeur peut importer 1 bouteille de vin d'1 l, 1 bouteille de spiritueux d'1 l, 200 g de tabac manufacturé, 150 ml de parfum et 250 ml d'eau de toilette. Le matériel professionnel doit faire l'objet d'une déclaration. Si vous voyagez avec votre véhicule, vous devez vous présenter à la douane muni de l'original de la carte grise et d'une assurance couvrant le territoire marocain.

www.douane.gov.ma

Médina

La spécificité de Marrakech réside dans ses riads, des maisons traditionnelles agencées autour d'un patio à ciel ouvert. Transformés en maisons d'hôtes, même s'il est de plus en plus rare que les propriétaires habitent sur place, ils sont une alternative séduisante qui permet de découvrir l'art de vivre à la marocaine. Situés dans la médina, ils ne sont, pour la plupart, accessibles qu'à pied et offrent l'occasion de s'écarter des itinéraires les plus touristiques. Pour un séjour en famille ou entre amis, sachez que certains riads se louent en exclusivité. Financièrement intéressante, cette formule permet de se sentir à la maison tout en bénéficiant des services hôteliers.

Palmeraie

Outre les hôtels-clubs et les établissements ultra-luxueux qu'abrite la palmeraie, vous y trouverez également des fermes, des kasbahs et des villas somptueuses nichées au cœur de jardins luxuriants. Elles proposent un nombre de chambres limité et un service de grande qualité incluant en général les transferts vers la ville. Un mode d'hébergement idéal pour tous ceux qui ont vraiment besoin de décompresser.

Retrouvez notre sélection d'adresses, p. 188.

TARIFS

Les prix peuvent varier considérablement selon la période de l'année. Ils montent en flèche pendant les vacances scolaires de la Toussaint et de Pâques et atteignent leur plus haut niveau à l'occasion des fêtes de fin d'année. Chaleur oblige, la basse saison correspond aux mois de juillet et d'août. La fourchette de prix pour se loger à Marrakech est extrêmement étendue (de 50 € à plus de 500 € la nuit). Un détail qui peut avoir son importance : renseignez-vous pour savoir si la taxe de séjour (de 1 à 2,50 € par personne et par nuitée) est comprise dans le prix de la chambre ou, comme c'est souvent le cas, s'il faudra vous en acquitter en plus sur place.

SE DÉPLACER

DE L'AÉROPORT AU CENTRE-VILLE

L'aéroport Marrakech-Ménara n'est situé qu'à 4,5 km au sud-ouest du centre-ville. Le **bus n° 19** de la compagnie Alsa (arrêt à gauche en sortant du terminal, 20 Dh l'aller, 30 Dh l'aller-retour) relie l'aéroport à la ville toutes les 25 min (de 6h15 à 21h55 depuis Marrakech et de 6h40 à 22h45, ou 23h30 le w.-e., depuis l'aéroport). Au départ de l'aéroport, il dessert le Ménara Mall (Plan C4), le Sofitel (Plan C3) et le square de Foucauld (Plan D3) aux abords de la place Jemaa el-Fna. Les arrêts sont plus nombreux en direction de l'aéroport : square de Foucauld, Koutoubia, Bab Doukkala

(Plan D2), grande poste du Guéliz (Plan C2), Carré Eden (Plan B2), gare ferroviaire (Plan B2) et Ménara Mall. De nombreux **taxis** vous proposeront aussi leurs services. Bien que le prix officiel soit fixé à 70 Dh pour le centre-ville et à 100 Dh pour la palmeraie (100 et 150 Dh la nuit), inutile de vous battre pour l'obtenir. Estimez-vous heureux si vous négociez ces trajets respectivement à 130 et 180 Dh le jour. Majoration de 50 % entre 20h et 6h (21h et 5h de mai à septembre). Un **service de navette** propose de réserver sur Internet une voiture privée (comptez 80 Dh pour le Guéliz, 180 Dh pour la Palmeraie pour 3 personnes).
Infos et résa : ☎ 05 22 27 46 87
• www.ma-navette.com

SUR PLACE

La marche reste de loin la meilleure des solutions, particulièrement dans la médina, où très peu de rues sont ouvertes à la circulation. Comptez 25-30 min, selon votre rythme, pour vous rendre du centre du Guéliz à la Koutoubia. Vous pouvez bien sûr recourir aux taxis. Il en existe deux sortes : les petits taxis et les grands taxis.

Les petits taxis

Ce sont souvent des Dacia Logan, reconnaissables à leur couleur sable. Ils n'ont pas le droit de sortir de la ville. Bien que la loi les oblige à utiliser leur compteur, inutile de passer des heures à vous énerver s'ils ne le font pas. Mieux vaut **négocier le prix avant de monter** en sachant que 20 Dh suffisent pour aller du Guéliz à la médina (majoration de 50 % la nuit). Ceux qui attendent le chaland à la sortie des sites touristiques vous réclameront facilement de 40 à 50 Dh pour compenser l'attente. Si vous ne voulez pas payer ce prix, éloignez-vous de quelques centaines de mètres pour arrêter un taxi déjà en circulation. Sachez que vous pouvez héler un taxi déjà occupé en lui indiquant d'un geste de la main la direction dans laquelle vous vous rendez. Cette pratique vous vaudra sûrement un tarif bien inférieur si vous n'arborez pas la tenue complète du touriste... Bonne méthode lorsqu'on reste sur les grands axes.

Les grands taxis

Souvent de vieilles Mercedes, ils assurent les **liaisons interurbaines** et stationnent entre autres à Bab Doukkala (Plan D2) et à la gare routière (Plan D2). Ils attendent d'être complets (6 personnes : 2 devant et 4 derrière !) avant de partir. Les prix deviennent alors très intéressants (environ 30 Dh les 100 km par personne). Adressez-vous aux personnes chargées de répartir les gens dans les différentes voitures : on les reconnaît généralement à la foule qui s'agglutine autour d'eux ou au gilet sans manches qu'ils endossent parfois. Vous pouvez choisir de payer le prix de toutes les places pour jouir de la totalité du véhicule, mais cela finit par revenir cher.

Comportements à éviter

• **Se promener en ville dans une tenue dénudée.** Le port de short, de débardeur ou de mini tee-shirt laissant apercevoir le ventre suscite, dans le meilleur des cas, des regards réprobateurs et, dans le pire des cas, des commentaires fort désobligeants, même si vous ne les comprenez pas. Réservez donc décolletés plongeants et mini-jupes à vos sorties en boîtes de nuit. Dans le même esprit, évitez absolument le monokini, même si vous vous sentez en confiance sur le toit d'un riad ou au bord de la piscine de votre hôtel.

• **Démontrer son amour de façon trop évidente en public.** Vous pouvez vous tenir par la main sans aucun problème (pratique commune même entre hommes sans aucune connotation homosexuelle), mais réfrénez vos envies d'embrassades amoureuses.

• **Tenter de pénétrer dans une mosquée ou dans un mausolée qui ne soit pas ouvert à la visite touristique.** C'est-à-dire dans la quasi-totalité des lieux de culte où, depuis un décret du maréchal Lyautey, les non-musulmans ne sont pas admis.

• **Photographier les habitants à leur insu.** Certains peuvent le prendre très mal soit pour des raisons religieuses, soit tout simplement parce que, très légitimement, ils ne souhaitent pas se transformer en animaux de zoo. Cela dépend donc de chaque individu. Sachez cependant que lorsqu'on vous incite à prendre des photos, on vous réclamera ensuite quelques pièces ou billets.

• **Offrir une compensation monétaire ou partir après le premier verre de thé lorsque vous êtes invité chez l'habitant.** Mieux vaut apporter un cadeau en arrivant.

Les calèches

Bien qu'encore utilisées par les Marrakchis pour leurs déplacements en ville, elles ont tendance à se spécialiser dans les promenades pour touristes. Évidemment, les prix ne sont pas les mêmes ! Une fois encore, au lieu de vous battre pour faire appliquer le tarif officiel affiché square de Foucauld (Plan D3), négociez à l'avance un prix pour une demi-heure (de 150 à 200 Dh) ou pour une heure (de 250 à 300 Dh) et précisez que vous refusez de vous arrêter devant un magasin, quel qu'il soit...

Les bus

C'est le **moyen le plus économique** de se déplacer, mais il est conseillé d'éviter les heures de pointe et les tenues dénudées pour les femmes. Course intra-muros : 4 Dh payables à bord. Plan des lignes sur le site : www.alsa.ma. La ligne 1 relie la place Jemaa el-Fna à la place Abd el-Moumen au Guéliz et la ligne 10 assure la liaison entre la place Jemaa el-Fna et la gare ferroviaire ONCF en passant par l'hôtel de ville, Bab Doukkala et la grande poste.

La voiture

Déconseillée pour visiter Marrakech intra-muros, elle reste une bonne formule pour découvrir les environs. Quelques règles à respecter cependant : ne jamais louer une voiture par l'intermédiaire d'un rabatteur, demander le montant de la franchise et, éventuellement, contracter une assurance spéciale, vérifier la présence de la roue de secours et du cric, respecter les limitations de vitesse car les contrôles sont très fréquents.

Avis
137, av. Mohammed-V (Plan B2) • ☎ 05 24 43 25 25 • www.avis.ma

Hertz
154, av. Mohammed-V (Plan B2) • ☎ 05 24 43 99 83 • www.hertz.ma

Europcar
63, bd Mohammed Zerktouni (Plan B2) • ☎ 05 24 43 12 28 • www.europcar.ma

À VOIR, À FAIRE

OFFICES DE TOURISME

Office de tourisme de Marrakech
Ne vous faites pas trop d'illusions, vous ne trouverez ici que de rares dépliants publicitaires ou plaquettes présentant le pays.
Angle de l'av. Mohammed-V et de la pl. Abd el-Moumen ben Ali (Plan B2) • ☎ 05 24 43 61 31 • Lun.-ven. 8h30-16h30 (9h-15h pendant le ramadan et en juil.-août).

VISITES GUIDÉES : GUIDES, FAUX GUIDES ET RABATTEURS

Il existe des guides officiels locaux habilités à vous faire visiter la ville et sa province, des guides nationaux qui peuvent vous conduire à travers tout le pays et des guides de montagne pour organiser des randonnées dans l'Atlas. Ils sont tous munis d'une plaque numérotée rédigée en français qui mentionne leur statut. L'association régionale des guides de tourisme devrait en fournir la liste.

En ville

Association régionale des guides de tourisme
Les guides ici sont tous officiels et les prix réglementés : comptez, 450 Dh pour 4h, 700 Dh pour 7h pour un groupe de moins de 10 personnes. Pour la journée, sachez qu'il est d'usage de payer le déjeuner.
3, rue Fatima Zahra (Plan D3), 1er étage • ☎ 06 61 61 80 21 • www.facebook.com/agtmarrakech • T.l.j. sf dim. 9h-16h.

Parallèlement, et en toute illégalité, faux guides et rabatteurs arpentent la médina en proposant leurs services aux touristes. Ne vous laissez pas intimider et refusez fermement leur offre tout en

Jours fériés civils

1er janvier : jour de l'An.

11 janvier : Manifeste de l'Indépendance.

1er mai : fête du Travail.

30 juillet : fête du Trône.

14 août : allégeance d'Oued-Eddahab (retour des provinces sahariennes au Maroc).

20 août : révolution du roi et du peuple commémorant le début de l'exil de Mohammed V en 1953.

21 août : fête de la jeunesse anniversaire de Sa Majesté Mohammed VI.

6 novembre : anniversaire de la marche verte.

18 novembre : fête de l'Indépendance (retour d'exil de Mohammed V en 1956).

Jours fériés religieux

Al Mawlid (anniversaire du prophète) : 9 nov. 2019, 28 oct. 2020.

Aïd el-Fitr (jour suivant la fin du ramadan) : 5 juin 2019, 24 mai 2020.

Jour de l'An du calendrier de l'Hégire : 1er sept. 2019, 20 août 2020.

Aïd el-Kbir (fête du sacrifice) : 11 août 2019, 31 juil. 2020.

Achoura (fête de l'enfance) : 9 sept. 2019, 28 août 2020.

gardant le sourire. N'oubliez jamais que leur but principal est de vous attirer chez les marchands qui leur reversent une commission.

En montagne

Association des guides et accompagnateurs de montagne d'Imlil
Une journée de randonnée pour 2 personnes coûte 50 Dh par personne et comprend la nourriture. Le même tarif s'applique pour les randonnées de 2 à 6 jours, mais il inclut aussi les mules et l'hébergement en tente ou chez l'habitant. Pourboires et boissons autres que l'eau sont en supplément.
À l'entrée du village sur la droite
• ☎ 05 24 48 56 26
• www.bureaudesguidesimlil.com • T.l.j. 8h-19h ; si par hasard vous trouvez le bureau vide, n'hésitez pas à appeler !

SE TENIR AU COURANT

Mis à part les manifestations annuelles que vous trouverez

dans notre calendrier des pages 18-19, de nombreux concerts, récitals, spectacles, expositions, représentations théâtrales, vidéo-transmissions d'opéras (ceux du MET de New York) sont organisés tout au long de l'année. Consultez les programmes sur les sites Internet suivants :

Institut français du Maroc
Route de Targa, Jbel Guéliz (HP par B1) • ☎ 05 24 44 69 30 • www.if-maroc.org/marrakech

Association des amis de la musique
www.aammarrakech.com
Organisation de concerts, récitals, spectacles, vidéotransmissions d'opéras et de ballets.

Made in Marrakech
www.madein-marrakech.com

Le site officiel de la ville
www.visitmarrakech.com
Propose une application téléchargeable sur votre smartphone.

CÔTÉ MONNAIE

La monnaie locale est le **dirham (Dh),** dont le nom dérive du grec *drachme*. En janvier 2019, 1 € équivalait à presque 11 Dh. Pour connaître le cours exact du dirham au moment de votre voyage, consultez le site **www.oanda.com** (en anglais). Il existe des billets de 20 Dh, 50 Dh, 100 Dh et 200 Dh et des pièces de 1 Dh, 2 Dh, 5 Dh et 10 Dh et de 1, 5, 10, 20 et 50 centimes.
Dans les marchés populaires, les commerçants comptent encore très souvent en *rials* (appellation dérivant du *real* espagnol), une unité monétaire n'ayant plus cours depuis 1960 et qui correspondait à l'ancienne valeur des sous.
1 rial = 5 c. de Dh ; 20 rials = 1 Dh ; 100 rials = 5 Dh.

CHÈQUES DE VOYAGE

En théorie, les chèques de voyage sont acceptés par les banques, mais la réalité est plus complexe : la plupart des succursales les refusent et il vous faudra trouver le siège des principales banques. Un grand nombre de bureaux de change les boycottent également...

CARTES DE PAIEMENT

En revanche, les cartes bancaires (surtout Visa, Eurocard, MasterCard et de plus en plus American Express) sont désormais acceptées presque partout. Même dans certaines échoppes des souks ! Mais sachez que certains commerçants vous réclameront alors les quelques pourcents supplémentaires (environ 3 ou 3,5 %) qui correspondent à la commission de la banque.
De nombreux **distributeurs automatiques** de billets sont disséminés dans la ville. L'avenue Mohammed-V, entre la place du 16-Novembre (Plan C2), la place Abd el-Moumen ben Ali (Plan B2) et rue Moulay Ismail (près de la place Jemaa el-Fna), en regorgent ! Renseignez-vous auprès de votre banque avant le départ pour savoir si elle prélève une commission

Bon à savoir

Heure locale

Le Maroc est aligné sur l'UTC (Temps universel coordonné) : lorsqu'il est midi en France, il est donc 11h au Maroc. Depuis 2008, le pays a de nouveau adopté l'heure d'été qui avait été abandonnée depuis 1985. Ce changement intervient le dernier week-end de mars et prend fin le dernier week-end d'octobre. Pour des raisons religieuses, la période du ramadan n'est pas concernée par ce changement d'heure et lorsqu'il tombe entre avril et octobre, les horloges reviennent à l'heure UTC pendant toute sa durée. Quand il est midi en France, il est alors 10h au Maroc.

Voltage

Une bonne nouvelle : le courant au Maroc est du 220 V (sauf dans quelques villages éloignés) et les prises sont identiques à celles que l'on trouve en France.

Téléphoner

La règle d'or est de ne jamais téléphoner d'un hôtel, les prix pouvant aisément tripler. De nombreuses téléboutiques sont disséminées dans la ville : un préposé vous indiquera une cabine, vous vendra des cartes prépayées ou vous fera de la monnaie car certains téléphones publics fonctionnent encore avec des pièces. Vous pouvez aussi acheter des cartes rechargeables pour votre téléphone portable, si tant est qu'il soit débloqué, en ayant préalablement acheté une carte SIM (50 Dh avec un premier crédit de communication) auprès d'un des opérateurs locaux (Orange Maroc, Maroc Telecom, Inwi...).

Pour téléphoner de la France vers le Maroc : composez le 00 212 suivi du numéro de votre correspondant sans le 0. **Pour téléphoner du Maroc vers la France :** composez le 00 33 suivi du numéro de votre correspondant sans le 0. **Pour téléphoner à l'intérieur du Maroc :** composez les 10 chiffres du numéro de votre correspondant, 0 compris.

Écrire

Les timbres s'achètent aux guichets ou aux distributeurs automatiques des bureaux de poste et dans les bureaux de tabac. Certains vendeurs de cartes postales en fournissent aussi. Ils coûtent 9 Dh pour un envoi prioritaire en France. Nous vous conseillons vivement les timbres prioritaires avec lesquels la durée d'acheminement peut varier de 5 à... 15 jours ! Les boîtes aux lettres sont reconnaissables à leur couleur jaune. Préférez celles aux abords des bureaux de poste.

sur vos retraits en machine. Les banques marocaines, de leur côté, pratiquent cette commission soit sous forme de pourcentage (2 % généralement), soit en prélevant une somme fixe (entre 20 et 30 Dh) par retrait. Mieux vaut, dans ce cas, ne pas les multiplier. Certains distributeurs pratiquent le change, mais ne pouvant distribuer de pièces, ils arrondissent les sommes en leur faveur.

Astuce

Pour éviter que votre carte bancaire soit bloquée dès votre premier retrait dans un distributeur automatique (une pratique de plus en plus courante pour lutter contre les fraudes), avertissez votre banque de votre séjour à l'étranger avant votre départ.

Carte perdue ou volée

Avant de partir, demandez à votre

Numéros utiles

Police (en ville) : ☎ 19.

Gendarmerie royale (hors villes) : ☎ 177.

Pompiers et ambulances : ☎ 15.

Police touristique : ☎ 05 24 38 46 01 ou 05 24 88 86 80 (numéro vert 24h/24h).

SOS médecin : ☎ 05 24 40 40 40 ou 06 70 41 95 57.

Urgences médicales : ☎ 141.

Centre anti-poison : ☎ 05 37 77 01 37 ou 05 37 77 71 85.

SOS accidents de la circulation : ☎ 05 24 40 14 01.

Polyclinique du Sud : 2, rue de Yougoslavie, angle rue Ibn Aïcha (Plan B1), ☎ 05 24 44 79 99.

Pharmacies de garde de jour et de nuit : www.syndicat-pharmaciens-marrakech.com

Dépôt de médicaments de nuit : pl. Jemaa el-Fna (Plan E3) • ☎ 05 24 39 02 38.

Bureaux de poste : pl. du 16-Novembre (Plan C2) • Pl. Jemaa el-Fna (Plan E3).

Consulat de France : rue Camille Cabana (Plan B3) • Lun.-ven. 8h30-11h, permanence jusqu'à 16h pour les Français en difficulté réelle uniquement • ☎ 05 24 38 82 00 • www.consulfrance-ma.org • **En cas d'urgence et en dehors des heures d'ouverture :** ☎ 06 61 34 42 89.

Centre de crise du ministère des Affaires étrangères à Paris : ☎ 00 33 1 53 59 11 00.

banque le numéro à composer depuis le Maroc pour faire opposition à votre carte bancaire. Si vous ne le connaissez pas, vous pouvez composer le ☎ **00 33 892 705 705 depuis un téléphone fixe.** Pensez à conserver précieusement les seize chiffres de votre carte : ils faciliteront la procédure.

ET LE BUDGET ?

Il dépend bien évidemment de vos moyens et de ce que vous souhaitez faire une fois sur place. Un hôtel modeste mais correct vous coûtera environ 40 € la nuit, tandis que les plus chers dépassent les 500 €. Un budget de 80 à 110 €, petit déjeuner compris, suffira cependant pour vous offrir un séjour de rêve ! Même éventail de prix côté restauration : un repas complet dans un restaurant populaire tournera autour de 5 à 6 €, tandis que dans un établissement luxueux, il peut atteindre les 70 €.
Dans les bistrots à la mode, vous vous en tirerez pour 20 à 35 € le repas. L'entrée des sites touristiques varie de 2 à 7 €.

Indications de prix

- 1,5 l d'eau minérale plate : 6 Dh ;
- 1 thé à la menthe : 13 à 20 Dh ;
- 1 bière locale : 25 Dh ;
- 1 l d'essence sans plomb : entre 10,5 et 11 Dh ;
- 1 l de gazole : entre 9 et 10 Dh ;
- 1 paquet de cigarettes étrangères : 33 Dh ;
- 1 baguette de pain : de 1,20 à 2 Dh.

Il est d'usage de laisser un pourboire dans les cafés et restaurants (environ 10 %), mais aussi pour les menus services rendus au quotidien (porteurs, personnel des toilettes publiques, gardiens de parking, guides de musée...).

Nos hôtels PAR QUARTIER

Place Jemaa el-Fna (Quartier 1 - p. 24)

LE GALLIA

Dix-sept chambres autour de deux patios ombragés avec climatisation et salles de bains privatives pour cet hôtel existant depuis 1929. Pas de restauration mais une situation exceptionnelle près de la place Jemaa el-Fna. Excellent rapport qualité-prix.

30, rue de la Recette (Plan E3) • ☎ 05 24 44 59 13 • www.hotelgallia.com • De 55 à 85 €.

HÔTEL JNANE MOGADOR

Hôtel atypique d'un excellent rapport qualité-prix à deux pas de la place Jemaa el-Fna. Confort correct, salles de bains en Tadelakt, terrasse et vaste patio.

116, rue Riad Zitoun el-Kdim, derb Sidi Bouloukat (Plan E3) • ☎ 05 24 42 63 24 • www.jnanemogador.com • Doubles : de 45 à 55 € ; triples : de 55 à 65 € ; quadruples et suites : de 65 à 99 €.

HÔTEL SHERAZADE

Vingt-trois chambres, toutes différentes, réparties sur plusieurs niveaux autour d'un joli patio arboré pour cet hôtel tout proche de la place Jemaa el-Fna. Agréables chambres au confort correct. Le plus, les multiples coins, recoins et terrasses extérieurs pour profiter des soirées étoilées.

3, derb Jemaa, rue Riad Zitoun el-Kdim (Plan E3) • ☎ 05 24 42 93 05 • www.hotelsherazade.com • Doubles : 50 € ; triples : 60 € ; suite : 72 € ; petit déj. 5 € • Wifi dans les espaces communs, restaurant, boutique.

CASA LALLA

À la beauté du décor, au confort des huit chambres et suites, dont certaines avec cheminée, et à l'efficacité de l'accueil, cette maison d'hôtes ajoute la qualité exceptionnelle de sa table ouverte le soir aux non-résidents.

16, derb Jamaa, rue Riad Zitoun el-Kdim (Plan E3) • ☎ 05 24 42 97 57 ou 06 20 97 96 91 • www.casalalla.com • De 78 à 120 €.

RIAD VANILLA'SMA

À 5 min à pied de la place Jemaa el-Fna, belle maison traditionnelle relookée en style contemporain. Tadelakt aux tonalités naturelles et éclairage tamisé pour ces quatre chambres et deux suites

réparties autour d'un patio avec petit bassin de baignade.
166, derb Jdid, Dabachi (Plan I8)
• ☎ 05 24 38 42 76 ou 06 50 51 70 70
• www.riadvanillasma.co.uk
• De 150 à 190 €.

RIAD DAR AMAN

Couleurs chaudes et matériaux traditionnels pour ce riad dont les trois chambres et la suite, non climatisées, sont réparties autour d'un ravissant patio où se marient murmure de l'eau et chants des oiseaux. Un coup de cœur pour la suite équipée d'une cheminée dont le foyer tournant peut s'ouvrir sur la chambre ou sur la salle de bains.
33, derb Moulay Abdelkader, derb Dabachi (Plan I8) • ☎ 06 86 56 20 00 (France) ou 06 62 66 98 87 (Maroc)
• www.riadaman.com • De 75 à 160 €.

Le quartier Mouassine (Quartier 3 - p. 36)

DAR MOUASSINE

Atmosphère intime et chaleureuse pour ce riad du XIXe s. situé à deux pas de la fontaine Mouassine : six belles chambres décorées avec goût, joli patio ombragé, petite piscine bleu nuit, salon télé avec nombreuses vidéos à disposition.
148, derb Snane (Plan G7)
• ☎ 05 24 44 52 87 ou 06 56 09 58 05
• www.darmouassine.com
• De 85 à 95 € • Cheminée dans certaines chambres.

RIAD MALIKA

Un mariage réussi entre mobilier Art déco et orientalisme dans ce riad verdoyant. Les cinq suites et deux chambres sont à la fois spacieuses et parfaitement décorées. Avec leur baignoire sur pieds, les salles de bains en Tadelakt ont un charme désuet. Les plus, la végétation, la terrasse et la petite piscine.
29, Arset Aouzal (Plan D2)
☎ 05 24 38 54 51
• www.riadmalika.com • De 110 à 180 €.

LES YEUX BLEUS

Respect de l'architecture traditionnelle, belle terrasse sur le toit, décor raffiné des huit chambres réparties sur deux niveaux autour de deux patios : l'un planté d'orangers, de palmiers et de bambous, l'autre agrémenté d'une piscine. Une superbe adresse dotée d'un beau hammam voûté.
7, derb el-Ferrane (Plan D2)
• ☎ 05 24 37 81 61 ou 06 03 94 88 25
• www.marrakech-boutique-riad.com
• De 170 à 200 €.

RIAD AYA

Vous pourrez choisir entre huit chambres toutes différentes dans un riad aux teintes chaudes où sobriété et harmonie vont de pair. Accueil chaleureux et prodigue en conseils, salles de bains en Tadelakt, terrasses superposées avec bassin de baignade. Un joli coin de paradis !

41, derb Toughba, Dar el-Bacha (Plan D2) • ☎ 05 24 38 71 23 ou 06 61 41 82 29 • www.riadaya.com • De 95 à 120 € ; riad entier : de 910 à 1 070 €.

Le quartier Ben Youssef (Quartier 4 - p. 40)

DAR KAWA

Symphonie de gris et de blanc pour cet hôtel-boutique installé dans une demeure du XVIIe s relookée par Valérie Barkowski. Aucune fausse note et une attention particulière pour les détails ! Les quatre chambres et suites sont distribuées autour d'un patio et d'une vaste terrasse. Une adresse sublime aux petits déjeuners raffinés.

Derb Ouali 18 (Plan I7) • www.darkawa.net ou www.valeriebarkowski.com • De 100 à 230 € ; riad entier : de 580 à 710 €.

Les souks (Quartier 5 - p. 46)

DAR EL-QADI

Dans un des plus vieux quartiers de la médina, ancienne demeure de juge *(qadi)* restaurée avec la volonté de conserver stucs, arcs, portes et plafonds dans leur état d'origine. Avec ses quatre chambres et deux *douiria*, une des plus authentiques adresses de la ville ! Le plus, la tour d'origine où le *qadi* en personne venait méditer.

79, derb el-Qadi (Plan I7) • ☎ 06 62 40 48 61 ou 04 77 60 60 32 • www.darelqadi.com • De 75 à 90 € ; maison 12 pers. : 450 € • Climatisation, Wifi dans les parties communes.

RIAD BERBÈRE

Bel exemple d'architecture traditionnelle, ce riad doté d'un jardin arabo-andalou avec petit bassin de baignade comprend quatre chambres. Coup de cœur pour la chambre ouest et son balcon.

23, derb Sidi Ahmed ben Nasser (Plan I7) • ☎ 06 51 28 44 73 ou 06 86 56 20 00 • www.riadberbere.com • De 85 à 98 € ; maison 10 pers. : 500 €. Climatisation uniquement dans les chambres de la terrasse et du balcon.

RIAD MAGELLAN

Superbe décoration minimaliste, matériaux traditionnels, objets chinés avec amour, harmonie des couleurs dans les six chambres. Quiétude assurée pour cette adresse où goûter au luxe discret de Marrakech.

62, derb el-Hammam (Plan G7) • ☎ 06 61 08 20 42 • www.riadmagellan.com • Riad complet : de 460 à 580 € • Formule retraite yoga avec repas végétariens.

Le Mellah (Quartier 7 - p. 58)

RIAD DU PALMIER

Deux maisons réunies, deux patios communicants et une jolie piscine pour ce riad où trône un palmier centenaire. Certaines des huit chambres ont un balcon privatif. De la terrasse, vue directe sur les cigognes du tout proche palais El-Badi.

22, derb Berrima Touareg (Plan E4) • ☎ 05 24 42 75 75 • www.riad-palmier.hotelsmarrakech.net • De 65 à 140 €.

RIAD CARINA

Accolée aux murailles du palais Badi, ce riad sobrement restauré marie à merveille bois et fer forgé. Ses neuf chambres aux salles de bain en tadelakt et zelliges sont déployées autour de deux patios. De jolies terrasses en hauteur, dont une avec un bassin de baignade où se prélasser sous le regard des cigognes.

76, derb Touareg, rue Berrima (Plan E4) • ☎ 05 24 38 53 01 • www.charming-riads-in-marrakech.com • De 68 à 110 €.

La kasbah (Quartier 8 - p. 62)

LES JARDINS DE LA MÉDINA

Un jardin luxuriant de 3 000 m^2, une grande piscine entourée de transats et des chambres luxueuses en rez-de-chaussée ou en étage. Un coup de cœur pour les lumineuses chambres Solarium, idéalement orientées, et pour leur petite pergola où prendre son petit déjeuner. Une adresse spéciale folie !

21, derb Chtouka (Plan E5) • ☎ 05 24 38 18 51 • www.lesjardinsdelamedina.com • De 225 à 370 € • Room service, restaurant et bars • Accès direct en voiture.

DAR KARMA

Trois chambres et trois suites réparties autour de deux patios pour cette belle demeure ayant appartenu au traducteur français du roi Mohammed V. Décoration sobre et soignée, confort

Les Jardins de la Médina

douillet et accueil chaleureux. Les plus, la petite piscine et la magnifique terrasse arborée où sont servis les petits déjeuners quand le temps le permet.

51, derb el-Mennabha, rue de la Kasbah (Plan E4-5) • ☎ 05 24 38 58 78 ou 06 71 52 53 54 • www.dar-karma.com • De 80 à 160 € ; riad entier : à partir de 700 €.

Le Guéliz (Quartier 9 - p. 68)

BAB HOTEL

Design et branché, le « Bab » étincelle d'une blancheur à peine rehaussée de quelques touches de couleurs acidulées. Quarante-cinq vastes chambres tout confort, piscine dans le patio, boutique, Spa, restaurant et bar lounge sur le toit.
Angle rue Mohamed el-Beqal et bd el-Mansour Eddahbi (Plan B2) • ☎ 05 24 43 52 50 • http://babhotelmarrakech.ma • De 85 à 260 €.

2CIELS BOUTIQUE HOTEL

Un parfait équilibre entre lumière, couleurs et espace pour cet hôtel moderne à la décoration originale et soignée et aux chambres très spacieuses. Les plus, l'excellente literie, le bar à tapas sur le toit et la piscine avec son coin solarium.
Rue Oued el-Makhazine, angle rue Imam Chafai (Plan C2-3) • ☎ 05 24 35 95 50 • www.2ciels.com • De 96 à 225 €.

Pays berbère (Visite 12 - p. 80)

LA PARENTHÈSE DE MARRAKECH

Dépaysement garanti dans les chambres à la touche africaine où le voile des moustiquaires, les pales des ventilateurs et le chant des oiseaux remplacent avec profit la climatisation et les téléviseurs. Grande piscine, très bonne table et possibilité de randonnées en quad ou en 4 x 4.
Lieu-dit El-Himania, Tamesloht (Plan des environs) • ☎ 06 71 52 28 01 ou 06 71 73 07 61 • https://parenthesekech.wordpress.com • De 120 à 170 € ; *douiria* complète 16 pers. : 870 €.

JNANE TIHIHIT

Une ferme d'hôtes bâtie en matériaux traditionnels dans la campagne marocaine, un hammam chauffé au bois, un bassin de baignade translucide à l'eau non traitée, un potager, une basse-cour et une étable qui fournissent les produits de la table. Le bonheur !
Douar Makhfamane, lac de Lalla-Takerkoust (Plan des environs) • ☎ 05 24 38 73 52 ou 06 70 96 59 70 • www.jnane-tihihit.com • 87 € ; *douiria* 1-4 pers. : 160 € ; *douiria* 1-6 pers. : 190 €.

TERRE DES ÉTOILES

Né d'un rêve un peu fou, cet écolodge dresse ses tentes tout confort au milieu d'un désert vallonné, face aux cimes enneigées de l'Atlas. En version single, couple, famille ou amis, vous y vivrez une expérience inoubliable. Deux bassins-piscines permettent de faire trempette après une promenade à dos de cheval ou de dromadaire, une sortie en VTT ou en quad, une séance de yoga... Soirées observation des étoiles deux samedis par mois. Potager cultivé en permaculture.

12, derb el-Baroud, km 25, commune d'Agafay (Plan des environs) • ☎ 05 24 44 73 75 ou 06 61 59 11 50 • www.terredesetoiles.fr • Single : 156 € ; double : 181 € ; familiale : 215 € (tarifs en demi-pension) • Transfert depuis Marrakech : 37 € pour 4 pers.

La vallée de l'Ourika (Visite 13 - p. 86)

LE DOUAR BERBÈRE

Ni télévision, ni radio dans cet hôtel qui mise sur le lâcher-prise dans un écrin de 5 ha de vergers et d'oliveraies à 1 000 m d'altitude. Vue panoramique depuis la longue piscine, la terrasse et la plupart des chambres. Cuisine marocaine à base de produits du potager. Hammam, yoga, ateliers cuisine, randonnées...

Tnine l'Ourika (Plan des environs) • ☎ 06 30 17 82 54 • www.dardb.com • Chambres : 80 € ; suites : de 135 à 140 € • Transfert depuis Marrakech : 70 € pour 4 pers. max. • Wifi sur demande.

KASBAH ATFEL

À environ 32 km de Marrakech, dans un beau jardin avec piscine, cette charmante maison d'hôtes aux allures de kasbah propose deux chambres et quatre suites au décor et au confort soignés. Au programme, baignade, farniente, balades, hammam et massage.

Douar Boutbira, CR Ourika • ☎ 06 61 39 15 26 • www.kasbahatfel.com • De 70 à 120 €.

Hors visite

KECH BOUTIQUE HÔTEL

Une construction contemporaine avec de vastes chambres dotées de tout le confort moderne. Grande piscine, Spa, restaurant, un hôtel classique mais très agréable et bien placé pour les noctambules. Chambres particulièrement spacieuses.

Av. Mohammed-VI, zone touristique de l'Agdal (HP par C-D5) • www.kech-hotel.ma • ☎ 05 24 38 87 87 • De 75 à 220 €.

Lexique

INDICATIONS PHONÉTIQUES

Le ***r*** = ***r*** roulé
Le ***gh*** = ***r*** fortement grasseyé
Le ***kh*** = équivalent de la jota espagnole ou du ***ch*** allemand
Le ***h*** = ***h*** fortement aspiré

FORMULES DE POLITESSE

Bonjour (le matin) : ***sbah el kheir***
Que la paix soit avec vous : ***s-salam alaykoum***
Et qu'avec vous soit la paix : ***alaykoum s-salam***
Bonjour (l'après-midi) : ***masa el kheir***
Au revoir : ***b'slama***
Comment vas-tu ? : ***kideïr ?*** (masc.) ou ***kideïra ?*** (fém.)
Comment ça va ? : ***labes ?***
Ça va, grâce à Dieu : ***labes, el'hamdoullah***
Excuse-moi : ***smah liya***
Merci (courant) : ***choukrane***
Merci (plus châtié) : ***barakallahoufik*** (Que Dieu te donne la chance)
S'il te plaît : ***afak***
Oui : ***na'am / iyyeh***
Non : ***la***
Non merci : ***la choukrane***
Bienvenue : ***marhaba***
Monsieur : ***sidi***
Madame : ***lalla***

COMPTER

Zéro : ***sefar***
Un : ***ouahad***
Deux : ***jouj***
Trois : ***tleta***
Quatre : ***arba'a***
Cinq : ***khemsa***
Six : ***s'tta***
Sept : ***sba'a***
Huit : ***t'menia***
Neuf : ***tseoud***
Dix : ***ach'ra***
Onze : ***hadach***
Douze : ***tnach***
Treize : ***tletach***
Quatorze : ***arbatach***
Quinze : ***khemstach***
Seize : ***stach***
Dix-sept : ***sbatach***
Dix-huit : ***t'mentach***
Dix-neuf : ***tsa'atach***
Vingt : ***ach'rine***
Trente : ***tletine***
Quarante : ***arbaïne***
Cinquante : ***khemsine***
Soixante : ***stine***
Soixante-dix : ***sba'ine***
Quatre-vingts : ***t'menine***
Quatre-vingt-dix : ***tseïne***
Cent : ***miya***
Mille : ***elf***

QUI EST QUI ?

Moi : ***ana***
Toi : ***n'ta*** (masc.) ou ***n'ti*** (fém.)
Lui : ***houwa***
Elle : ***hiya***
Nous : ***hna***
Vous : ***n'touma***
Eux : ***houma***
Homme : ***rajel***
Femme : ***mra***
Fille : ***bent***
Garçon : ***would***
Enfants : ***dréri***

ESPACE ET TEMPS

Dimanche : ***nhar el hed***
Lundi : ***nhar tnine***
Mardi : ***nhar tlet***
Mercredi : ***nhar l'arba'a***
Jeudi : ***nhar l'khmis***
Vendredi : ***nhar jma'a***
Samedi : ***nhar sebt***
Hier : ***l'barah***
Aujourd'hui : ***l'youm***
Demain : ***ghedda***
Matin : ***sbah***
Après-midi : ***lachiya***
Nuit : ***lil***
Avant : ***qbel***
Maintenant : ***dabah***
Après : ***men bad***
Quand : ***imta / fokach***
Vite : ***dghiya***
Heure : ***sa'a***
Demi-heure : ***nouss sa'a***
Où ? : ***fine ?***
Ici : ***hna***
À côté : ***qrib***
Loin : ***beïd***

SHOPPING

Combien : ***b'chhal***
Cher : ***ghali***
Bon marché : ***l'rkhis***
Prix : ***tamane***
Argent : ***flouss***
Grand : ***kbir***
Petit : ***sgheir***
Bleu : ***zraq***
Vert : ***kh'dar***
Rouge : ***a'hmar***
Jaune : ***l'safar***
Marron : ***qahoui***
Noir : ***qhal***
Blanc : ***bïed***
Magasin : ***hanout***
Marché : ***souq***
Banque : ***banka***
Poste : ***al'barid / l'bosta***

AU RESTAURANT

Assiette : ***tobsil***
Verre : ***qas***
Fourchette : ***fourcheta***
Couteau : ***mouss***
Cuillère : ***mal'ka***
De l'eau : ***l'ma***
Vin : ***chrab***
Lait : ***khlib***
Jus d'orange : ***a'asser limoun***
Viande : ***l'ham***
Poulet : ***djej***
Poisson : ***l'hout***

Légumes : ***l'khodra***
Salade : ***chlada***
Gâteaux : ***haloua***
Sucre : ***soukar***
Sel : ***melha***
Poivre : ***bzar***
Beurre : ***zeubda***
Pain : ***khobs***
L'addition : ***l'hsab***
Garçon : ***would***

PHRASES COURANTES

Parles-tu le français ? : ***ouech tkellem fransaouiya ?***
Je ne parle pas l'arabe : ***ma n'tkellemch l'arabiya***
Je ne comprends pas : ***ma femtch***
Je ne sais pas : ***ma n'arftch***
Est-ce que tu as... ? : ***ouech endek... ?***
Je n'ai pas d'argent : ***ma endich flouss***
Est-ce que tu as de la monnaie ? : ***ouech endek chi sarf ?***
Viens voir : ***aji tchouf***
Montre-moi ceci : ***n'chouf hada***
Donne-moi... : ***ateni...***
Combien ça coûte ? : ***bchhal tamane ?***
J'ai besoin de... : ***khasni...***
Je n'ai pas besoin de... : ***ma khasnich...***
Je voudrais une chambre : ***bghit chi bit***
Qu'y a-t-il ? : ***ach kein ?***
Il n'y a pas de problème : ***ma kein mouch kil***
Que veux-tu ? : ***ach bghiti ?***
Je suis malade : ***ana mrid*** (masc.) ou ***mrida*** (fém.)

Index

MARRAKECH

CRÉDIT PHOTOGRAPHIQUE

Intérieur

René Mattès : p. 4, p. 5 (b. d), p. 7, p. 8, p. 9 (ht g., c. d.), p. 10 (ht g., c. d.), p. 11, p. 12, p. 13 (c. d.), p. 16, p. 17 (ht d.), p. 21, p. 22, p. 25, p. 26, p. 29, p. 37, p. 38, p. 39, p. 44, p. 45, p. 53, p. 55, p. 56, p. 59, p. 60, p. 61, p. 67, p. 69, p. 70, p. 76, p. 81, p. 82, p. 84, p. 87, p. 88, p. 89, p. 93, p. 96, p. 97, p. 98, p. 100, p. 103, p. 106, p. 107, p. 109, p. 110, p. 112, p. 114, p. 117, p. 118, p. 119, p. 121, p. 125, p. 127, p. 130, p. 136, p. 139, p. 142, p. 144, p. 145, p. 146, p. 149, p. 150, p. 153, p. 154, p. 155, p. 157, p. 161, p. 169, p. 171, p. 191.

Jean-Christophe Godet : p. 6 (ht g.), p. 9 (b. g.), p. 14, p. 15, p. 31, p. 43, p. 49, p. 57, p. 77, p. 95, p. 105, p. 148, p. 166, p. 173.

Jérôme Plon : p. 1, p. 6 (c. d., b. g.), p. 13 (ht g.), p. 17 (b.), p. 23, p. 27, p. 33, p. 35, p. 41, p. 42, p. 50, p. 63, p. 66, p. 75, p. 79, p. 90, p. 128 (ht d.), p. 151, p. 159, p. 162, p. 164.

Romain Boutillier : p. 128 (b. g.), p. 132, p. 134.

stock.adobe.com : © VanderWolf Images : p. 2 ; © Marc Jedamus : p. 73 ; © PhotoKD p. 123.
shutterstock.com : © Gimas : p. 5 (ht d.) ; © saiko3p : p. 5 (c. g.) ; © HUANG Zheng : p. 64 ; © Kemal Taner : p. 71.

Hôtel Selman : p. 10 (b. g.).

Couverture

Plat 1 : © RENAUDEAU Michel / hemis.fr (visuel principal) ; René Mattès (b. g., b. d.).
Plat 4 : © NLPhotos / stock.adobe.com (ht g.) ; René Mattès (c. d.).

Dernière édition revue et enrichie par **Nathalie Campodonico**.
Édition originale établie par **Nathalie Campodonico**.

Direction : Nathalie Bloch-Pujo
Direction éditoriale : Cécile Petiau
Édition : Marine Barbier-Blin, Camille Dupont, Béatrice Hemsen, Émilie Lézénès, Géraldine Péron, Adam Stambul, Julie Wood
Suivi éditorial : Anne-Sophie de Précourt
Lecture-correction : Mélanie Rebillaud
Ont également collaboré à cet ouvrage : Guy Crouzet
Cartographie : Frédéric Clémençon et Aurélie Huot
Fabrication : Liza Sacco

Conception graphique de la couverture et de la maquette intérieure :
Caroline Joubert • www.atelier-du-livre.fr

Contact presse : rmazef@hachette-livre.fr - ☎ 01 43 92 36 66
Contact publicité : vhabert@hachette-livre.fr - ☎ 01 43 92 32 52

Aussi soigneusement qu'il ait été établi, ce guide n'est pas à l'abri des changements de dernière heure, d'erreurs ou omissions. Ne manquez pas de nous faire part de vos remarques. Informez-nous aussi de vos découvertes personnelles, nous accordons la plus grande importance au courrier de nos lecteurs :
Guides Un Grand Week-end - Hachette Tourisme - 58, rue Jean-Bleuzen, 92 170 Vanves
weekend@hachette-livre.fr
Facebook @GuidesUnGrandWeekend • **Instagram** @ungrandweekend
• **Twitter** @ungrandweekenda

Édité par Hachette Livre (58, rue Jean-Bleuzen, CS 70007, 92 178 Vanves Cedex)
Imprimé par Polygraf (Capajevova 44, 08199 Presov, Slovaquie)
Achevé d'imprimer : avril 2019
ISBN : 978-2-01-706341-4 - 20-2422-1
Dépôt légal : avril 2019 - Collection n°44 - Édition : 01